SEU MAIOR PROBLEMA É VOCÊ

DIEGO MENIN

SEU MAIOR PROBLEMA É VOCÊ

CHEGA DE SE SABOTAR. ENFRENTE-SE.

Vida

Vida
Editora Vida
Rua Conde de Sarzedas, 246 — Liberdade
CEP 01512-070 — São Paulo, SP
Tel.: 0 xx 11 2618 7000
atendimento@editoravida.com.br
www.editoravida.com.br
@editora_vida /editoravida

Direção: Renan Menezes
Editora-chefe: Sarah Lucchini
Editor responsável: Paulo Peres
Assistente editorial: Larissa da Mata
Revisão: Sonia Ribeiro Alves
Revisão de provas: Thaís P. Gomes
Coordenadora de design gráfico: Claudia Fatel Lino
Projeto gráfico e diagramação: Philipe Santos
Capa: Lira Lira

SEU MAIOR PROBLEMA É VOCÊ

1. edição: jun. 2025

Dados Internacionais de Catalogação na Publicação (CIP)
(Câmara Brasileira do Livro, SP, Brasil)

Menin, Diego
Seu maior problema é você / Diego Menin. -- 1. ed. -- São Paulo: Editora Vida, 2025.

ISBN 978-65-5584-739-0
e-ISBN 978-65-5584-740-6

1. Conduta de vida - Aspectos religiosos 2. Crescimento espiritual 3. Fé (Cristianismo) 4. Princípios bíblicos 5. Vida cristã 6. Vocação - Cristianismo - Ensino bíblico I. Título.

25-270671 CDD-248.24

Índice para catálogo sistemático:
1. Chamado de Deus : Cristianismo 248.24
Aline Graziele Benitez - Bibliotecária - CRB-1/3129

É SUA PRIMEIRA VEZ AQUI?

Fico muito feliz em poder lhe dar as boas-vindas. Quero convidá-lo a conhecer mais do meu ministério e a se integrar comigo nas redes sociais e em tudo o que Deus tem feito por intermédio do ministério que me confiou. Para isso, acesse o QR Code, e vamos juntos nessa caminhada!

www.diegomenin.com

DEDICATÓRIA

Dedico este livro a todos que já perceberam que o maior obstáculo em suas vidas não está fora, mas dentro.

Aos que, mesmo cercados por desculpas e distrações, tiveram a coragem de reconhecer que são responsáveis por onde estão e por onde ainda podem chegar.

A você, que decidiu abrir este livro, deixo um desejo sincero: que cada palavra aqui seja como um espelho. Não para condenar, mas para revelar. E que, ao se enxergar de verdade, você também se levante de verdade.

Porque o que Deus ainda quer fazer é maior do que você imagina. Mas só acontecerá quando você parar de fugir e decidir amadurecer.

Com esperança,

Diego Menin

AGRADECIMENTOS

Sou grato a Deus por permitir que este livro nascesse do confronto, da dor e da graça. Tudo o que está escrito aqui passou primeiro por mim.

À minha esposa, Carla Menin, e à minha filha, Júlia Menin. Vocês são minha base, minha paz e meu porto seguro. Obrigado por permanecerem firmes em tudo e em todos os momentos.

Aos meus pais, Antonio Carlos Menin e Auredian Menin, por me mostrarem, desde cedo, que uma fé viva se manifesta nas atitudes, não apenas nos discursos. Vocês lançaram o alicerce que hoje sustenta tudo o que faço.

À Igreja Lírio, que não é apenas o lugar onde cresci, mas o chão onde fui confrontado, lapidado e preparado para viver o chamado. Ali, o Evangelho deixou de ser teoria e passou a ser vida.

E às minhas ovelhas, que me ensinam, dia após dia, que pastorear não é sobre palcos, mas sobre presença, lágrimas e recomeços.

SUMÁRIO

Introdução

O DESCONFORTO QUE TRANSFORMA

Desde os primeiros relatos bíblicos, é possível perceber que Deus não chama ninguém para permanecer inerte. A fé, por natureza, envolve algum grau de desconforto. Não há nada de passivo no ato de crer. A estabilidade que buscamos frequentemente entra em choque com o propósito divino, que nos desafia a abandonar certezas humanas e encarar de frente medos, inseguranças e limitações. Afinal, não fomos criados para a estagnação.

Não é fácil abandonar tudo o que é familiar e partir rumo ao incerto. Foi exatamente o que aconteceu com Abraão. Sua família, descendente de Sem, conhecia a Deus, mas vivia em meio ao politeísmo da época. Seu pai, Terá, prestava culto a outros deuses além do Senhor (cf. Josué 24.2), como era comum na cultura da Mesopotâmia. No entanto, Abraão ouviu a voz do Altíssimo e creu que Ele era o único Deus.

Um homem escolheu romper com as tradições religiosas de sua família para seguir uma orientação divina que não oferecia justificativas nem certezas — apenas a ordem: "Saia da sua terra, do meio dos seus parentes e da casa de seu pai, e vá para a terra que eu lhe mostrarei" (Gênesis 12.1). Ele teve que deixar tudo para trás — o lugar onde cresceu, seus costumes, as pessoas que faziam parte de sua história — e seguir a ordem divina sem um mapa ou certezas. Imagine o peso dessa escolha, dizer adeus a tudo, sem nenhuma evidência do que viria pela frente. Abraão estava longe de ser um homem perfeito, mas sua disposição em confiar em Deus fez dele um exemplo de fé para todas as gerações.

Quem nunca ouviu, pelo menos uma vez, uma pregação sobre o episódio em que Pedro desafia as leis da natureza ao caminhar sobre as águas pela fé? Em meio a uma tempestade, à noite, os discípulos veem, atônitos, uma figura sobre a superfície do lago. O medo toma conta do barco, até que uma voz familiar rompe a tensão: era Jesus. Pedro, tomado por um ímpeto de ousadia, faz um pedido audacioso: "Senhor, se és tu, manda-me ir ao teu encontro por sobre as águas" (Mateus 14.28). Jesus, então, diz apenas uma palavra: "Vem".

"ABRAÃO ESTAVA LONGE DE SER UM HOMEM PERFEITO, MAS SUA DISPOSIÇÃO EM CONFIAR EM DEUS FEZ DELE UM EXEMPLO DE FÉ PARA TODAS AS GERAÇÕES."

Pedro pisa fora do barco. A água, que deveria ser um abismo, torna-se chão sob seus pés. O impossível se desenrola diante de seus olhos. Porém, como acontece tantas vezes na vida, as circunstâncias começam a gritar mais alto. O vento sopra com força, as ondas se agitam e a realidade parece brutal demais para ser ignorada. Pedro hesita; e no instante em que a dúvida o invade, seu corpo começa a afundar. Dominado pelo desespero, ele grita: "Senhor, salva-me". Sem demora, Jesus estende a mão, segura-o e questiona: "[...] Homem de pequena fé, por que você duvidou?" (Mateus 14.31).

Se existe algo que pode impedir alguém de avançar, não é a falta de oportunidades, mas sua própria postura. É comum pessoas desejarem mais de Deus, sem quererem pagar o preço para isso. Oram por transformação e evitam o desconforto do processo. Querem uma vida melhor, só que continuam presas aos mesmos padrões que as mantêm estagnadas. Sonham com o sucesso enquanto fogem do esforço necessário para alcançá-lo. Ou seja, mais dificultam do que ajudam a si mesmas. Apesar de haver fome pela Palavra, participação nos cultos e estudos bíblicos, quando chega a hora de colocar em prática o que se aprendeu, a inércia toma conta.

Nosso maior obstáculo nunca foi a ignorância, e sim a paralisia. Convenhamos, nem sempre é fácil tomar decisões que nos tiram da zona de conforto. No entanto, nenhuma transformação acontece enquanto alguém permanece parado, esperando que tudo se resolva por si só. Deus já fez o mundo em seis dias. Agora é nossa vez de fazer alguma coisa. Portanto, temos que abandonar qualquer traço de infantilidade e assumir a responsabilidade de uma vida na qual haja renúncia, posicionamento e perseverança, mesmo que isso signifique lidar com situações que nos ponham à prova. Afinal, é na provação que nossa fé é refinada (cf. Tiago 1.2-4).

O desconforto, embora desagradável, muitas vezes funciona como um empurrão que o Senhor nos dá para que façamos alguma coisa. Contudo, é curioso como muita gente prefere o incômodo familiar à transformação. Pessoas permanecem anos presas aos mesmos ciclos porque se recusam a encarar a verdade de que são responsáveis por estarem onde estão. Esquecem-se de que o primeiro passo para uma vida nova é admitir que ninguém pode mudar sua história por elas.

Por mais que existam fatores externos que influenciem nossa trajetória, permanecer no mesmo estado é, em grande parte, uma decisão pessoal. Fugir da responsabilidade pode trazer um conforto momentâneo, até o boleto da vida chegar com juros. Somente ao assumir o controle de nossas ações, decisões e reações é que conseguimos romper com padrões limitantes. Quem deseja mudança, de fato, precisa sair da posição de vítima e assumir o controle da própria vida.

Transformação exige sacrifício. O próprio apóstolo Paulo deixou claro que viver o propósito de Deus não é fácil. Ele enfrentou prisões, perseguições, naufrágios e privações, mas nunca permitiu que essas dificuldades o paralisassem. Em Filipenses 3.13-14, ele escreveu: "[...] esquecendo-me das coisas que ficaram para trás e avançando para as que estão adiante, prossigo para o alvo, a fim de ganhar o prêmio do chamado celestial de Deus em Cristo Jesus". Suas palavras revelam que quem caminha olhando para trás tropeça no futuro. O passado pode ensinar, o medo, alertar, e as dificuldades, cansar; porém, não podem nos impedir de seguir adiante. É a disposição para continuar, mesmo quando tudo parece desmoronar, que nos leva ao propósito.

“PESSOAS PERMANECEM ANOS PRESAS AOS MESMOS CICLOS PORQUE SE RECUSAM A ENCARAR A VERDADE DE QUE SÃO RESPONSÁVEIS POR ESTAREM ONDE ESTÃO.”

Se você deseja crescer, precisa se preparar para ser confrontado. Se deseja algo novo, precisa renunciar ao que é velho. Nada acontece no comodismo. Imagine se Abraão tivesse escolhido permanecer em Ur dos Caldeus por medo do desconhecido. Ele nunca teria se tornado o pai de uma grande nação, e sua história poderia ter sido apenas mais uma entre tantos que viveram e morreram sem deixar legado. Ana, por exemplo, poderia ter se resignado à sua esterilidade e aceitado a condição que a sociedade impunha sobre ela. Só que, em vez de se render à amargura, ela se derramou diante do Senhor em oração, e sua perseverança trouxe ao mundo Samuel, um dos maiores profetas de Israel.

Se fé fosse fácil, já haveria manual de instruções à venda em bancas de jornal. Mas não; as histórias — bíblicas ou do cotidiano — que nos inspiram foram escritas por pessoas que acreditaram no impossível enquanto o resto do mundo só via desastre. É por isso que costumo dizer que os momentos mais difíceis da vida são, muitas vezes, os que mais nos aproximam de Deus. Quando somos levados ao nosso limite, quando as certezas se desfazem e a força humana já não é suficiente, é nesse lugar de vulnerabilidade que nos tornamos mais sensíveis à voz do Espírito.

Se fugirmos ou tentarmos evitar tais situações, podemos perder oportunidades preciosas de amadurecimento. Dizem que o tempo traz maturidade. Mentira. O tempo só traz rugas. Maturidade mesmo vem quando resolvemos encarar a vida de frente. O problema da maioria não é a falta de conhecimento; pelo contrário, é o excesso de justificativas para continuar do mesmo jeito. Chega um momento em que é preciso parar de olhar para os outros e começar a olhar para dentro. É necessário abandonar desculpas e assumir a responsabilidade pela própria caminhada.

Uma certeza permanece: o Senhor nunca abandona aqueles que escolhem se mover. Ele não é um espectador distante, mas um Pai presente. O mesmo Deus que é compassivo e misericordioso, paciente e cheio de amor; que não acusa nem fica ressentido; que não nos trata conforme nossos pecados nem nos retribui conforme nossas iniquidades; que sabe do que somos formados e se lembra de que somos pó (cf. Salmos 103-8-14), espera que nos posicionemos para viver a vida em abundância que Ele tem a nos oferecer. Lembre-se, a mudança que você tanto espera e precisa não depende de ninguém além de você mesmo.

“É NECESSÁRIO ABANDONAR DESCULPAS E ASSUMIR A RESPONSABILIDADE PELA PRÓPRIA CAMINHADA.”

capítulo 1

O INIMIGO INTERIOR

Desde a infância, aprendemos que existem coisas que só podemos fazer quando crescemos. Certas questões chegam com o tempo — e, mais do que isso, requerem maturidade. Podemos ter acesso a promessas e bênçãos, mas, se não estivermos preparados, não seremos capazes de recebê-las de fato. Mesmo que você fosse herdeiro do homem mais rico do mundo, enquanto não atingisse a maioridade, não poderia desfrutar da sua herança. Até lá, outra pessoa seria responsável por administrar aquilo que, por direito, é seu. O que isso nos ensina? Nem sempre o que foi prometido a nós pode ser entregue antes do momento certo.

Existem, porém, inúmeros obstáculos que nos impedem de amadurecer, tanto no âmbito pessoal quanto no profissional ou espiritual, e, entre eles, percebo um recorrente: a tendência de buscar alguém para culpar. Somos especialistas em terceirizar nossas dificuldades. Sempre há um nome, uma situação, um passado ao qual nos apegamos para justificar por que estamos onde estamos. Atribuímos nossas limitações a outros e nos esquecemos de que a verdadeira transformação acontece quando assumimos a responsabilidade por nossas vidas.

Permanecemos estagnados porque nos prendemos a lamúrias, buscando justificativas, em vez de olharmos para frente e nos posicionarmos. Ficamos esperando que algo mude e insistimos nesse ciclo de imaturidade, o que deixa nossa vida à mercê de circunstâncias, parada. E aqui está uma verdade que poucos querem encarar, nosso maior problema não está fora de nós, mas dentro. Ou seja, somos nós mesmos. O que nos impede de progredir são nossas próprias escolhas, nossa postura e a forma como lidamos com o que Deus nos entrega.

Se nos voltarmos para a Palavra do Senhor, podemos listar nomes que ilustram bem a importância da maturidade. José, por exemplo. Deus havia dado a ele sonhos que apontavam para um futuro de liderança, mas o percurso até ele se tornar governador do Egito foi sinuoso. Antes, ele passou por um longo e doloroso processo de maturação. Ainda jovem, foi traído por seus próprios irmãos, vendido como escravo e levado para uma terra estrangeira.

Lá, tornou-se servo na casa de um oficial, onde, apesar de sua excelência em tudo o que fazia, sofreu injustiça e acabou na prisão por uma acusação falsa. Imagine a dor e frustração de ser condenado por algo que não fez. Foram anos de espera e incerteza. Porém, ali, no lugar mais improvável, José desenvolveu sua capacidade de liderar e interpretar sonhos, além de sua paciência e dependência total de Deus. Ele não se tornou governador do Egito por acaso; chegou pronto, porque o processo o tornou capaz de administrar um império inteiro.

Davi, que suportou anos de provação antes de assumir o trono, é outra figura bíblica que podemos citar. Quando foi ungido por Samuel, era um jovem pastor de ovelhas. Até se tornar rei, ele precisou passar por um longo período de preparo. Foi na solidão dos campos que aprendeu sobre coragem e responsabilidade. Enquanto cuidava das ovelhas de sua fa mília, enfrentou leões e ursos que ameaçavam o rebanho. Essas batalhas invisíveis foram seu treinamento para um futuro confronto que mudaria sua história. No dia em que se colocou diante de Golias, já estava preparado, pois vencera desafios no anonimato antes de ser reconhecido em público.

Mesmo após a vitória contra o gigante filisteu, Davi não foi coroado de imediato. Pelo contrário, viveu uma das fases mais difíceis de sua vida ao ser perseguido por Saul. Durante anos, foi caçado como um inimigo, fugindo de cidade em cidade, vivendo em cavernas, dependendo da provisão divina e da lealdade de poucos companheiros. O mais irônico dessa situação é que Saul ocupava um trono que já havia sido rejeitado por Deus. E quantas vezes Davi teve a oportunidade de matá-lo e assumir o reinado? Mas sua sensatez o impediu de agir por impulso. Ele compreendia que o propósito divino não podia ser acelerado por meios humanos.

> **“JOSÉ DESENVOLVEU SUA CAPACIDADE DE LIDERAR E INTERPRETAR SONHOS, ALÉM DE SUA PACIÊNCIA E DEPENDÊNCIA TOTAL DE DEUS.”**

Enfim, estes são apenas dois exemplos que passaram por processos de crescimento e foram moldados para o propósito divino. Porém, curiosamente, Deus me levou a olhar para alguém que ilustra o contrário. Se José e Davi nos mostram como a maturidade pode nos conduzir ao cumprimento das promessas divinas, o homem que mencionarei exemplifica o que acontece quando a imaturidade nos faz desperdiçá-las. Talvez você tenha ouvido falar pouco sobre ele. Afinal, ao contrário de Abraão, Isaque e Jacó, que são pregados e exaltados como pilares da fé, ele permanece nas sombras, esquecido por muitos.

O homem em questão é Esaú, mas por que ele não recebe tanta atenção? A resposta é simples e, ao mesmo tempo, complexa; ele mesmo se colocou nessa posição. Deus fez uma promessa a Abraão, que foi transmitida a seu filho Isaque e deveria ter sido concedida a Esaú, o primogênito. No entanto, quando falamos sobre os patriarcas, o nome dele não é citado. Hoje, conhecemos o Senhor como "o Deus de Abraão, Isaque e Jacó", um nome que, originalmente, não deveria ser assim. O correto, de acordo com a linhagem natural, seria "o Deus de Abraão, Isaque e Esaú", pois ele era o herdeiro legítimo, que deveria carregar a bênção e se tornar uma referência para as gerações futuras.

Esaú não perdeu apenas uma bênção espiritual. Como neto de Abraão, ele teria herdado uma riqueza imensurável — propriedades, serviços, influência e reconhecimento. Ele possuía a primogenitura; ou seja, o direito legal e espiritual de governar sobre sua casa. Contudo, perdeu absolutamente tudo porque, um dia, teve fome. Sim, a fome fez um homem perder tudo. Um desejo momentâneo foi suficiente para redefinir o rumo da história.

Esaú estava no campo, caçando, como de costume. Era um dia comum, mas, dessa vez, seus esforços haviam sido em vão.

Exausto e faminto, ele voltou para casa sem nada. Seu corpo clamava por comida, e, ao se aproximar de casa, um cheiro irresistível tomou conta do ar. Lá, estava seu irmão, preparando uma sopa de lentilha. O aroma era convidativo, e sua fome se tornou insuportável. O que acontece a seguir é uma das negociações mais desastrosas da humanidade. Esaú faz um acordo com Jacó, que se aproveita da oportunidade e propõe uma troca: um prato de sopa pela primogenitura. Parece absurdo pensar que alguém poderia trocar um direito tão valioso por uma refeição simples, mas foi o que aconteceu. Veja o que a Bíblia diz:

> Certa vez, quando Jacó preparava um ensopado, Esaú chegou faminto, voltando do campo, e pediu-lhe: "Dê-me um pouco desse ensopado vermelho aí. Estou faminto!". [...] Respondeu-lhe Jacó: "Venda-me primeiro o seu direito de filho mais velho". Disse Esaú: "Estou quase morrendo. De que me vale esse direito?". Jacó, porém, insistiu: "Jure primeiro". Ele fez um juramento, vendendo o seu direito de filho mais velho a Jacó. Então Jacó serviu a Esaú pão com ensopado de lentilhas. Ele comeu e bebeu, levantou-se e se foi. Assim Esaú desprezou o seu direito de filho mais velho
>
> **Gênesis 25.29-34.**

A nação de Israel deveria ter surgido a partir de Esaú, mas ele trocou o que era eterno por algo passageiro. Essa foi a grande tragédia de sua vida e, por consequência, seu legado se dissipou. Imagino que se tivéssemos a chance de conversar com Esaú, ele provavelmente diria: "A culpa foi do meu irmão, que me enganou". E talvez, a maioria de nós concordasse. Afinal, a reputação de Jacó não era das melhores, a começar pelo nome, que significava "trapaceiro", "enganador". Portanto, seria fácil culpá-lo pela perda do irmão.

Será que essa é realmente a verdade? Se olharmos com mais atenção para a história e fizermos uma análise justa e coerente, perceberemos que não. Jacó apenas fez uma proposta, jogou uma ideia na mesa. Ele não coagiu, nem obrigou ninguém a nada. O que ele fez foi o equivalente a oferecer um patinete em troca de uma Ferrari zero quilômetros. Não houve vítima de golpe. O irmão mais velho não foi ludibriado ou iludido pelo mais novo. Pelo contrário, tomou uma decisão por conta própria e, pior, uma que qualquer pessoa com um mínimo de discernimento jamais tomaria. Ninguém perde o que realmente valoriza. O problema não foi Jacó ser trapaceiro; foi a estupidez de Esaú. No fim das contas, bastava ele dizer não.

Entenda uma coisa: sempre que tomamos decisões por conta de situações temporárias, nós perdemos. Muitas vezes, no calor do momento, a emoção, a pressa ou o desespero tomam conta de nós e cedemos à tentação de resolver imediatamente o que, na verdade, necessitava de paciência. Problemas momentâneos não devem ser tratados com soluções permanentes, pois, quando a tempestade passar, o que ficará serão os rastros das escolhas que fizemos por impulso.

Todo ser humano passa por épocas de escassez, períodos de fome emocional, espiritual ou financeira. Talvez hoje você esteja dizendo: "Estou faminto"; e, em volta, existam oportunidades que parecem ser a solução para o seu problema. Aí mora um perigo, pois o diabo é capaz de satisfazer seus desejos. Ele não tem o poder de oferecer o que só Deus pode — vida em abundância, propósito, plenitude. O inimigo consegue dar a você uma semana boa, um alívio imediato, uma solução rápida. Mas a que custo? Cuidado com o que você troca. Se a fome apertar, resista. Não venda o que é seu.

Todos já tomamos decisões estúpidas em algum momento; isso é fato. Somos rápidos em julgar Esaú e questionar como ele pôde ser tão tolo. Contudo, se formos sinceros, não somos tão diferentes. Corremos o mesmo risco de fazer trocas insensatas. Um marido ou uma esposa barganharem 30 anos de história por minutos de prazer, alívio ou fuga pode parecer absurdo, mas acontece o tempo todo. A pressão nos cega, a necessidade grita, e, sem perceber, jogamos fora algo que levou décadas para ser construído. É por isso que a história de Esaú é um alerta de que o perigo está nas pequenas concessões diárias.

Por mais que pensemos: "Não foi culpa minha. Fui pressionado, não tive escolha", a verdade é que sempre há uma escolha. Não é possível controlar tudo o que acontece, mas podemos decidir como responder às situações. O problema é que, em meio ao caos, tentamos justificar: "Parem de me incomodar, pois tenho fome. Não me alertem sobre as possíveis consequências. Minha necessidade é urgente"; e, enquanto cedemos, perdemos o que é mais precioso.

Isso é o que mais me perturba em situações assim. Não é a tolice da pessoa, mas o que ela faz depois. Esaú, por exemplo, agiu com arrogância. Em vez de reconhecer que havia vendido sua primogenitura por um prato de lentilhas, ele preferiu se colocar na posição de vítima. De fato, Jacó, incentivado por sua mãe, usou de artimanhas para se passar pelo irmão e garantir a bênção do pai. A Bíblia diz:

“SEMPRE QUE TOMAMOS DECISÕES POR CONTA DE SITUAÇÕES TEMPORÁRIAS, NÓS PERDEMOS.”

> Ora, Rebeca estava ouvindo o que Isaque dizia a seu filho Esaú. Quando Esaú saiu ao campo para caçar, Rebeca disse a seu filho Jacó: "Ouvi seu pai dizer a seu irmão Esaú: 'Traga-me alguma caça e prepare-me aquela comida saborosa, para que eu a coma e o abençoe na presença do Senhor antes de morrer'. Agora, meu filho, ouça bem e faça o que lhe ordeno"
>
> **Gênesis 27.5-8.**

Rebeca, então, instruiu Jacó a trazer dois cabritos do rebanho para que preparasse um guisado semelhante ao que Esaú costumava fazer para seu pai. Além disso, sabendo que seu filho mais velho era um homem peludo, ela cobriu as mãos e o pescoço de Jacó com a pele dos animais, para que seu marido fosse enganado pelo toque. Jacó hesitou no início, temendo ser descoberto e amaldiçoado, mas Rebeca garantiu que assumiria qualquer maldição sobre si mesma (cf. Gênesis 27.13).

Imagine a cena, carregada de nervosismo e dissimulação. Jacó se aproxima de seu pai idoso e quase cego. A mentira é direta e audaciosa: "[...] Sou Esaú, seu filho mais velho. Fiz como o senhor me disse. Agora, assente-se e coma do que cacei para que me abençoe" (Gênesis 27.19). Isaque, desconfiado, estendeu as mãos e sentiu os pelos artificiais. O cheiro das roupas, o sabor da comida preparada à semelhança da caça que Esaú costumava trazer, tudo parecia confirmar a identidade que Jacó tentava assumir. Convencido, Isaque concedeu sua bênção. Veja o que acontece depois:

> E disse Esaú: "Não é com razão que o seu nome é Jacó? Já é a segunda vez que ele me engana! Primeiro tomou o meu direito

> de filho mais velho, e agora recebeu a minha bênção!" [...] Esaú guardou rancor contra Jacó por causa da bênção que seu pai lhe dera. E disse a si mesmo: "Os dias de luto pela morte de meu pai estão próximos; então matarei meu irmão Jacó"
> **Gênesis 27.36, 41.**

Portanto, na cabeça de Esaú, ele perdera a primogenitura porque seu irmão o havia enganado. Contudo, Deus não enxergou a história da mesma forma. A prova disso está no Novo Testamento: "que não haja nenhum imoral ou profano, como Esaú, que por uma única refeição vendeu os seus direitos de herança como filho mais velho" (Hebreus 12.16). A própria Palavra o chama de imoral e profano. Ele foi ingênuo ao tratar como comum o que era divino. Como consequência, "[...] quando quis herdar a bênção, foi rejeitado; e não teve como alterar a sua decisão, embora buscasse a bênção com lágrimas" (Hebreus 12.17).

O autor de Hebreus está dizendo que, quando percebeu o erro, Esaú tentou reverter tudo chorando diante de seu pai. Ele implorou para receber algo, mas já era tarde demais. A decisão havia sido tomada, e Isaque não podia desfazer o que havia sido feito. Agora, preste atenção: o problema mais grave não foi a perda da primogenitura em si. Esaú estava preso em um ciclo vicioso de escolhas erradas das quais não conseguia escapar.

Ele aceitou uma proposta absurda. Depois, desesperou-se. Então, ao se dar conta de que não havia mais volta, passou a odiar Jacó e desejou matá-lo. Em nenhum momento, ele teve a coragem de dizer: "A culpa foi minha. Banalizei o que era sagrado. Perdi porque não valorizei". Aqui está a grande questão: como nos parecemos com ele, não? O problema não são decisões erradas aqui e ali. É a repetição dos mesmos erros, sem aprender nada, buscar mudança ou assumir a responsabilidade. Infelizmente, muitos estão presos em um ciclo de tolice, impulsividade e autossabotagem.

O choro de Esaú não foi suficiente para reverter sua perda. Será que Deus não viu a dor dele? Será que Isaque não teve compaixão de seu filho mais velho? A resposta está no motivo do choro. Ele não chorou por estar arrependido, querer um novo começo ou desejar ser alguém melhor. Não; Esaú chorou porque estava sentindo na pele o resultado de sua escolha errada. Lágrimas assim não tocam o coração do Pai.

Há uma diferença entre *arrependimento*, que gera transformação, e *remorso*, que é um lamento devido à dor da perda. Esaú só queria de volta o que havia perdido. Chorar até alivia a dor, mas não desfaz escolhas feitas, nem gera mudança na vida de ninguém. Deus não decide nosso futuro com base na quantidade de lágrimas que derramamos. O choro de Esaú foi estúpido e sem sentido. O que estava feito, estava feito. Isaque não voltou atrás. A bênção ficou com Jacó:

> [...] Então perguntou ao pai: "O senhor não reservou nenhuma bênção para mim?". Isaque respondeu a Esaú: "Eu o constituí senhor sobre você, e a todos os seus parentes tornei servos dele; a ele supri de cereal e de vinho. Que é que eu poderia fazer por você, meu filho?"
>
> **Gênesis 27.36-37.**

Lembre-se: emoções apenas refletem as escolhas que fizemos; elas não as alteram. Esaú não perdeu a primogenitura porque chorou pouco, e sim porque não soube valorizá-la quando teve a chance. Aqui está o alerta para todos nós: não adianta lamentar depois. A única forma de mudar o futuro é aprendendo com o passado e tomando decisões melhores hoje. Essa é a razão pela qual tantas pessoas nunca se libertam de fato. Vivem repetindo os mesmos padrões e histórias. Casam-se dez vezes e sofrem dez vezes. São mandadas embora de cinco empregos e sofrem cinco vezes. Trocam João por Pedro, Pedro por Antônio, Antônio por Lucas. Os nomes mudam, mas o enredo é sempre o mesmo, pois não há transformação real.

Todos temos um ciclo para quebrar, algo que nos faz sofrer. Chorar por isso é fácil; difícil é mudar nossa mentalidade. Quando, então, nossas lágrimas serão derramadas pelos motivos certos? Quando, ao invés de serem de ódio, amargura e autocomiseração, forem de fé, entrega e transformação. Deus não rejeita um choro sincero; Ele não ignora um coração quebrantado. No entanto, o Senhor transforma vidas quando as pessoas estão dispostas a mudar. Não adianta chorar, se não houver, de fato, uma mudança.

“O PROBLEMA NÃO SÃO DECISÕES ERRADAS AQUI E ALI. É A REPETIÇÃO DOS MESMOS ERROS, SEM APRENDER NADA, BUSCAR MUDANÇA OU ASSUMIR A RESPONSABILIDADE.”

Há um testemunho que jamais esqueci, uma história que ilustra bem essa questão e, para preservar a identidade das pessoas envolvidas, optei por modificar seus nomes. Lembro-me como se fosse ontem do dia em que Lucas entrou pela porta da igreja. O culto já havia começado e, em meio à multidão, meus olhos se fixaram naquele homem visivelmente destroçado. Seu rosto estava inchado devido a uma briga recente, e suas roupas, amassadas, exalavam cheiro de álcool. Porém, o que mais me marcou foi seu olhar vazio e sem esperança.

Ele estava no fundo do poço. Aos 32 anos, sua vida havia se tornado um labirinto de vícios e dívidas, um ciclo destrutivo do qual ele já não sabia como sair. Seu casamento estava à beira do colapso e ele se distanciava cada vez mais das pessoas que, um dia, haviam sido seu porto seguro. Até mesmo seu filho, Miguel, já não perguntava mais por ele, e Lucas sabia que a culpa era inteiramente sua.

No fundo, ele não era um estranho à fé. Pelo contrário, fora criado dentro da igreja por sua mãe, Dona Ester, uma mulher cuja fé era inabalável. Desde pequeno, ele havia aprendido sobre o amor de Deus, mas, na adolescência, sentiu-se atraído por um mundo que prometia liberdade e decidiu trilhar caminhos perigosos. Então, vieram as festas, as más influências e, pouco a pouco, ele se afastou da única verdade capaz de lhe trazer paz.

Naquela noite fatídica em específico, quando despertou largado na calçada de um bar, ensanguentado e sozinho, as palavras de sua mãe ecoaram em sua mente: “Filho, Deus tem um propósito para sua vida!”. Pela primeira vez em anos, ele desejou uma nova chance. Quando entrou na igreja, todos notaram sua presença. Alguns o olhavam com surpresa, outros com compaixão. Contudo, nada disso importava, porque, naquele dia, Deus o chamaria pelo nome. Enquanto eu pregava, cada palavra parecia atingir diretamente seu coração: "O remorso faz você sentir culpa, mas o arrependimento o faz mudar. O remorso faz você chorar pelos erros, mas o arrependimento o faz virar as costas para o pecado e correr para o Senhor".

De repente, Lucas começou a tremer e a chorar descontroladamente. Não era culpa, mas um quebrantamento genuíno. Em um ímpeto, ele correu até o altar, caiu de joelhos e, entre soluços, clamou: "Deus, perdoa-me! Não aguento mais!". Quando um coração se rasga assim na presença de Deus, o céu se abre e a condenação dá lugar à graça. Contudo, arrependimento exige atitudes maduras.

No dia seguinte, Lucas enfrentou uma das maiores batalhas de sua vida: encarar sua própria realidade sem máscaras, desculpas ou fugas. Ele percebeu que o vício não era seu único inimigo; sua negligência, orgulho e escolhas erradas haviam minado seu casamento e família. Foi um confronto doloroso consigo mesmo, mas necessário. Doía admitir que ele próprio havia cavado o buraco em que estava. Lucas, então, decidiu mudar. Ele buscou ajuda em um centro de recuperação cristão, rompeu com velhos hábitos e amizades que o afastavam do Senhor e, com muita oração, iniciou sua jornada de reconstrução. O diabo tentou puxá-lo de volta? Todos os dias. Mas, agora, ele estava firmado na Rocha.

Com o tempo, Lucas trabalhou para se reaproximar de seu filho e aprendeu a ser um pai presente e responsável. Ana, sua esposa, mesmo marcada pelas feridas do passado, começou a enxergar que a mudança era real. Foi um caminho difícil, mas Deus, em Sua infinita misericórdia, restaurou o que havia sido destruído. Hoje, três anos depois, Lucas é um novo homem — casado, restaurado, livre dos vícios e das dívidas. Ele é a prova viva de que Deus não rejeita um coração arrependido. E sempre que alguém chega à Igreja Lírio da mesma forma que ele chegou, Lucas se aproxima, olha nos olhos da pessoa e diz: "Se você quiser de verdade, Deus pode mudar sua história. Mas você precisa se arrepender, e não só sentir remorso!".

Por isso, afirmo que arrependimento de verdade não é externo, mas interno. Ele nasce do momento em que olhamos para nós mesmos e reconhecemos que somos o problema. Sim, eu sei. Nem todo mundo foi legal com você. Muitas pessoas o feriram, enganaram e deixaram sozinho, mas sabe de uma coisa? A vida é sua, e, mais importante ainda, a salvação também é. Ambas são individuais, e, por mais que você tenha argumentos para dizer que foi enganado ou histórias para contar sobre como foram injustos com você, ainda assim, a responsabilidade final é sua.

Realmente, Jacó poderia ter sido um irmão melhor, mas não foi o caso. No que diz respeito a nós, não podemos esperar que as pessoas sejam sempre gentis. Muitas vezes, cairemos em ciladas. Faz parte. A vida é difícil em determinados momentos, e, se não nos quebrantarmos diante do Senhor, dificilmente sairemos do lugar. Lembre-se, apesar dos pesares, se decidirmos quebrar nosso ciclo de estupidez, Deus ainda pode nos abençoar. Para aqueles que se posicionam como filhos, há sempre uma herança esperando para ser recebida.

Em Mateus 7.7, está escrito: "Peçam, e lhes será dado; busquem, e encontrarão; batam, e a porta será aberta". Se você buscar de verdade o que é nobre, você encontrará. Esaú não encontrou porque não buscou o que deveria ter buscado. Talvez você esteja cheio de problemas, dívidas e déficits. Pense no que realmente precisa mudar. Você pode continuar carregando essa lista de lamentações, repetindo para todo mundo o quanto sua vida está ruim, ou pode fazer diferente.

Pegue essa lista, essa ladainha de reclamações, e jogue no lixo. Sua única incumbência a partir de hoje deve ser dobrar os joelhos todos os dias e dizer: "Pai, transforma-me. Faz-me parecido com o Senhor". Lembra do que mencionei no começo do capítulo? Deus nunca chamou você para resolver seus problemas por conta própria. Seus problemas se tornam Dele quando você busca primeiro o Reino e a Sua justiça. Isso significa que, se você se render a Deus, Ele resolverá suas pendências e cuidará do seu emprego, saúde, filhos, casamento, finanças etc. Portanto, se você deseja vê-Lo agindo, permita que Ele transforme você primeiro. Porque quando o seu interior muda, tudo ao redor também começa a mudar.

Precisamos parar com as lágrimas vazias, de revolta, ódio e drama. Minha oração é que possamos aprender a chorar pelos motivos certos — um arrependimento genuíno, fruto de um coração que deseja transformação e que não é movido por ressentimento, frustração ou autopiedade. Somos emocionais, não há o que fazer. Gostamos de contar histórias no metrô, no trabalho, para os amigos. No entanto, relatos não mudam nada.

Jesus, por sua vez, não entra na nossa onda de drama. Afinal, Ele conhece nosso coração e sabe quando estamos fazendo cena. Às vezes, gritamos: "Não aguento mais! Não conseguirei suportar". Então, Ele responde: "Aguenta! Você já aguentou coisa pior quando estava longe de mim! Criei você, e conheço seus limites. Sei exatamente até onde consegue ir". Deus projetou cada músculo, tendão e nervo do nosso corpo. Ele desenhou nosso cérebro, colocou cada neurônio no lugar certo, estruturou nossas emoções e razão. Ou seja, Ele sabe quem somos e até onde nossa alma suporta.

> **"DEUS NUNCA CHAMOU VOCÊ PARA RESOLVER SEUS PROBLEMAS POR CONTA PRÓPRIA."**

Chega de drama. Se quiser ter uma conversa séria, o Senhor está esperando por você. Se quiser largar o volante e deixar que Ele assuma o controle da sua vida, Ele está pronto. Contudo, Deus respeita sua decisão. Como o pai do filho pródigo, Ele permite que você vá, se assim desejar, mesmo sabendo que essa escolha pode levá-lo a lugar nenhum. Foi exatamente isso que aconteceu com o filho mais novo na parábola (cf. Lucas 15.11-32). No início, tudo parecia promissor. Ele tinha dinheiro, liberdade e uma vida de prazeres. Mas, quando os recursos se esgotaram e a realidade bateu à porta, seus supostos amigos desapareceram, e ele se viu sozinho, reduzido a um estado que jamais imaginou.

Foi ali no chiqueiro, entre os porcos, sentindo fome e vergonha, que ele enxergou a realidade da sua condição. Tudo o que ele achava que traria felicidade acabou sendo passageiro e vazio. Só então, quando se viu completamente quebrado, percebeu que até os servos na casa de seu pai viviam melhor do que ele. Então, tomado pelo arrependimento, decidiu voltar para casa. Ao chegar, confessou: "[...] Pai, pequei contra o céu e contra ti. Não sou mais digno de ser chamado teu filho" (Lucas 15.21). Sabe qual foi a resposta do pai?

> [...] Depressa! Tragam a melhor roupa e vistam nele. Coloquem um anel em seu dedo e calçados em seus pés. Tragam o novilho gordo e matem-no. Vamos fazer uma festa e alegrar-nos. Pois este meu filho estava morto e voltou à vida; estava perdido e foi achado'. E começaram a festejar o seu regresso.
> **Lucas 15.22-24.**

Ele nunca recusa a volta de um filho. Portanto, se for chorar, chore pelas razões certas. Deus não se impressiona com teatro emocional. Ele se move quando há rendição de verdade. Em Ezequiel 2.1, está escrito: "Ele me disse: 'Filho do homem, fique em pé, pois eu vou falar com você'". Ou seja, não fique no chão, chorando. Deus só fala com quem se levanta. Enquanto você estiver prostrado, esperando que alguém o carregue no colo, que a igreja seja sua babá ou que alguém segure sua mão a vida toda, nada mudará. Jesus o ama e tem uma vida para você.

No entanto, essa vida não está no chão, nem na autopiedade ou no lamento sem sentido. Se quiser acabar com o ciclo da estupidez, olhe no espelho e comece a chorar por si mesmo. Lembre-se: seu maior problema não é o diabo, muito menos sua família e as pessoas à sua volta; é você — sua mente, alma e coração resistentes à mudança. "Levante-se, refulja!

Porque chegou a sua luz, e a glória do Senhor raia sobre você", é o que Deus diz em Isaías 60.1. Esse é o segredo.

Esaú perdeu tudo. Não porque Deus o odiava ou porque Jacó o enganou, mas porque foi imaturo e, depois, não se arrependeu e agiu com humildade. Muitos de nós nos encontramos na mesma posição — reclamamos, buscamos culpados e tentamos justificar nossas falhas, quando, na verdade, o que precisamos é de maturidade para valorizar o que Deus já colocou em nossas mãos. Precisamos parar de olhar para fora e começar a nos enxergar como realmente somos.

Talvez seja a hora de parar e dizer: "Senhor, não sei o que fazer. Não tenho todas as respostas, e não sei para onde ir. Perdi-me no meio do caminho, mas eu estou aqui. Ajuda-me". Esse é o choro que Deus ouve, o clamor que move o Céu. Porque Deus resiste aos soberbos, mas dá graça aos humildes (cf. Tiago 4.6). Quando entendemos essa verdade, conseguimos finalmente quebrar nossos ciclos de estupidez; assim, novos tempos começam. Deus nos chama para uma vida plena, mas essa plenitude só pode ser experimentada por aqueles que estão dispostos a amadurecer.

"SE FOR CHORAR, CHORE PELAS RAZÕES CERTAS."

capítulo 2

É PROBLEMA SEU

“Não julguem, para que vocês não sejam julgados. Pois da mesma forma que julgarem, vocês serão julgados; e a medida que usarem também será usada para medir vocês. Por que você repara no cisco que está no olho do seu irmão, e não se dá conta da viga que está em seu próprio olho? Como você pode dizer ao seu irmão: ‘Deixe-me tirar o cisco do seu olho’, quando há uma viga no seu? Hipócrita, tire primeiro a viga do seu olho, e então você verá claramente para tirar o cisco do olho do seu irmão”

Mateus 7.1-5.

Toda vez que leio esses versículos, consigo imaginar Jesus dizendo: “É o sujo falando do mal lavado”. Ele usou a metáfora do cisco e da trave para expor a hipocrisia humana na figura de alguém que é rápido para criticar, corrigir ou julgar, mas reluta em enxergar suas imperfeições. Cristo estava alertando a multidão que o ouvia a olhar para dentro antes de qualquer coisa. Afinal, não há autoridade em quem se apressa a apontar problemas dos outros enquanto ignora a si mesmo.

Autoridade se constrói diante do espelho, não atrás de uma lupa. Já parou para pensar nisso? O primeiro objeto nos confronta com a realidade a respeito de quem somos; o outro desvia nossa atenção para fora de nós mesmos, o que permite nos escondermos atrás de uma falsa posição de juízes, na qual esquecemos que o primeiro olhar deve ser interno. Lembre-se: a sabedoria tem seu princípio no temor do Senhor, mas também exige autoanálise, um reconhecimento sincero de fraquezas e disposição para amadurecer.

Observe quem se ocupa demais com questões alheias. Analise onde a pessoa vive e a forma como vive. Não existe um fofoqueiro que seja, de fato, bem-sucedido. O resultado será sempre uma vida paralisada, frustrada e sem propósito. A transformação começa no confronto pessoal. Antes de querer enxergar o cisco no olho do próximo, tenha a coragem de remover sua própria trava e entender que tudo o que acontece com você é problema seu e não pode ser uma justificativa para estagnação.

Pare e pense em quantas pessoas vivem confusas, sem saber para onde ir, o que fazer ou em quem confiar. Sentem-se à mercê do acaso, jogadas ao vento, como se sua própria existência estivesse nas mãos de forças externas. Talvez você seja uma delas. Sua vida está nas mãos de quem? Do destino? Da sorte? Não acha que está na hora de retomá-la para si? Deus a confiou a você, não à opinião pública. Você foi chamado para governá-la, em vez de sair depositando esperança em pessoas, líderes ou instituições.

A linha invisível que separa o perdedor do vencedor está no que a pessoa faz, não no que ela acredita ou crê. A fé, que é o fundamento do Evangelho, não é um conceito abstrato ou um sentimento passivo. É obra, é movimento. Já dizia Tiago: "[...] a fé, por si só, se não for acompanhada de obras, está morta" (Tiago 2.17). Em outras palavras, intenções não mudam nada; o que faz a diferença é a atitude. Cristo ilustrou essa verdade em uma parábola:

> Ou, qual é a mulher que, possuindo dez dracmas e, perdendo uma delas, não acende uma candeia, varre a casa e procura atentamente, até encontrá-la? E quando a encontra, reúne suas amigas e vizinhas e diz: "Alegrem-se comigo, pois encontrei minha moeda perdida" [...]
>
> **Lucas 15.8-10.**

Houve uma perda parcial — uma moeda, de uma coleção de dez. Embora nove ainda estivessem lá, a falta de uma tornava a coleção insuficiente. Existem coisas que, quando incompletas, carecem de sentido. Um quebra-cabeça com peças faltando não tem graça e um livro com páginas ausentes deixa lacunas na história. Assim também acontece na vida. Contudo, nem sempre perdas são imediatas ou perceptíveis; às vezes, é um afastamento sutil, um desgaste lento causado pela ausência de vigilância. A falta de oração enfraquece nossa espiritualidade, a negligência com a família mina os laços afetivos, e o descuido com a saúde emocional e mental tende a resultar em um estado de desânimo. De repente, percebemos que algo se foi.

A parábola da dracma perdida chama minha atenção, não por enfatizar a perda em si, mas por mostrar como a reação certa pode mudar tudo. Entenda uma coisa: você está onde está porque o problema é seu. Transferir a culpa para outros não muda nada, tampouco traz soluções. A mulher compreendeu isso. Ao perceber o sumiço da moeda, ela não espalhou sua situação para vizinhos, nem transformou sua angústia em um espetáculo público. Não havia espaço para discursos vazios ou justificativas que apenas reforçassem sua condição. Em vez de se lamentar, ela começou a varrer a casa.

A transformação aconteceu dentro dela. Não foi uma conferência, um encontro, um grupo de apoio ou um programa específico que a conduziu à restauração. O que a fez reencontrar sua moeda foi sua decisão de não se conformar com o que havia acontecido. Ela não aceitou viver com menos do que lhe pertencia. Se sua coleção era de dez moedas, então não se daria por satisfeita enquanto não tivesse todas.

Essa é, por exemplo, a diferença de quem se contenta com menos e de quem se esforça para viver o que Deus planejou. A responsabilidade é pessoal; não há desculpas. Deus é Senhor de senhores, Rei de reis. Isso significa que Ele governa sobre aqueles que assumem o governo da própria vida. Ele não é Senhor de vítimas perpétuas, não é Rei de escravos que se entregam ao destino sem lutar. O Altíssimo não tomará as rédeas daquilo que você se recusa a segurar, pois respeita o livre-arbítrio e não se impõe sobre quem se recusa a crescer.

A mulher não esperou que alguém resolvesse sua situação. Pelo contrário, ela fez o que precisava ser feito. Ninguém pode lutar por nós mais do que nós mesmos, não é verdade? Pode até ser reconfortante acreditar que alguém virá para resgatar-nos, mas essa é uma ilusão arriscada. É comum desejarmos que pessoas percebam nossas dores, que nos ofereçam

“TRANSFERIR A CULPA PARA OUTROS NÃO MUDA NADA, TAMPOUCO TRAZ SOLUÇÕES.”

ajuda, que façam perguntas, que estendam a mão. Porém, em algum momento, é preciso entender que a mudança deve começar por nós. Líderes, familiares e amigos podem até oferecer ajuda, mas é um suporte temporário. Reerguer-se, reconstruir e reencontrar o que foi perdido é algo que você deve fazer.

Existe uma diferença entre ajudar e carregar. A Bíblia nos ensina, por exemplo, que devemos ajudar uns aos outros para, assim, cumprir a lei de Cristo (cf. Gálatas 6.2). Afinal, o amor de Deus se manifesta na disposição de socorrer um irmão em necessidade, não apenas em palavras (cf. 1 João 3.17). O próprio Jesus afirmou que teve fome e recebeu alimento, teve sede e lhe deram de beber. Disse também que, quando era estrangeiro, foi acolhido; quando precisou de roupas, foi vestido; quando esteve doente, cuidaram dele; e, quando esteve preso, foi visitado. Então, perguntaram a Ele: "[...] Senhor, quando te vimos com fome e te demos de comer, ou com sede e te demos de beber? Quando te vimos como estrangeiro e te acolhemos, ou necessitado de roupas e te vestimos? Quando te vimos enfermo ou preso e fomos te visitar?" (Mateus 25.37-39). Qual foi a resposta? "[...] O que vocês fizeram a algum dos meus menores irmãos, a mim o fizeram" (Mateus 25.40). Mas, em nenhum momento, seja nesta passagem ou em qualquer outro trecho dos evangelhos, Jesus afirmou que alguém poderia carregar a cruz de outra pessoa.

Cada um deve negar a si mesmo e tomar sua própria cruz. Meu ombro suporta somente o peso da minha jornada. Deus deu a você a estrutura necessária para enfrentar os desafios que Ele destinou a você, e não os de outra pessoa. Por isso, não há atalhos nem como terceirizar esse processo. A missão de permanecer firme e manter a chama da fé acesa, sem permitir que a rotina apague aquilo que um dia foi vivo e transformador, é *sua*. Se a oração perdeu o sentido ou se ir à igreja tornou-se um hábito mecânico, você precisa se perguntar onde está a moeda que dava significado a tudo isso. E, na maioria das vezes, a dracma está oculta nas sombras.

Talvez esteja sob um móvel, soterrada por preocupações; debaixo da mesa, entre compromissos que tomaram tempo demais. Pode estar perdida sob o sofá, escondida pela acomodação, ou até debaixo da cama, encoberta pelo cansaço. A questão é ter a determinação de acender uma candeia, como a mulher fez, e procurar até encontrar. Algumas perdas exigem esforço. Requerem uma busca intencional. Não se trata de esperar que tudo volte ao normal por si só. Temos que tomar a decisão de iluminar os cantos escuros da casa e restaurar o que se perdeu.

Se há insegurança ou imaturidade, o problema é seu. Se a frieza tomou conta da sua vida espiritual, não cabe a ninguém mais resolver isso. A inclinação para o pecado, a instabilidade emocional, a língua afiada sempre comentando a vida dos outros — tudo isso é um problema que pertence a você, e enquanto continuar observando os outros com uma lupa, sem ter a coragem de se encarar no espelho, você continuará perdido.

O que fazer, portanto? Procurar. Buscar sua dignidade de volta, restaurar a maturidade que foi negligenciada, desenvolver inteligência emocional, resgatar o temor a Deus que foi deixado de lado. Essa busca não pode ser passiva; é sua responsabilidade acender uma candeia e iluminar os cantos escuros da sua alma, a fim de enxergar o que está oculto. Nada mudará enquanto não fizer isso. No entanto, acender a luz é só o primeiro passo. Depois, vem a limpeza. Afinal, não basta enxergar a sujeira, é preciso removê-la.

“SE A FRIEZA TOMOU CONTA DA SUA VIDA ESPIRITUAL, NÃO CABE A NINGUÉM MAIS RESOLVER ISSO.”

Quanto mais negligenciarmos a limpeza, mais difícil será enxergar o que se perdeu. A poeira se acumula, uma crosta de descuido vai se formando, e, de repente, deixamos de sentir falta do que um dia foi essencial. O que antes nos incomodava passa a fazer parte da paisagem. Jesus, porém, nos dá um alerta: se queremos a restituição de tesouros perdidos, precisamos ir até o espelho e encarar a realidade. Não podemos ser omissos ou nos acomodar. O tempo passou e o desleixo deixou marcas? Não importa, nem tudo está perdido. Só quem sente a falta entende o valor do que se foi.

É hora de se levantar, sacudir a poeira, acender a candeia e deixar de lado a desculpa fácil do “não sei”, como se fôssemos ignorantes sobre o que precisa ser feito. Você sabe muito bem o caminho de volta à plenitude do Espírito Santo. Sabe como retornar à comunhão profunda com o Pai, como reencontrar o brilho nos olhos, como restaurar o prazer nas pequenas coisas. Não há mistério nisso. O problema não é falta de conhecimento, mas de decisão. Volte-se para a Palavra. Olhe para Cristo, que nos deu o maior exemplo de entrega e perseverança.

Abandone o ego que tem sido um peso e tem feito você perder tempo se comparando com outros. Raízes não se firmam em solo instável, e uma vida sem direção não produz frutos. Se algo se perdeu, a solução é acender a luz e começar a varrer a casa.

A mulher só reuniu suas amigas e vizinhas depois de encontrar o que havia perdido. Ou seja, só compartilhou sua história quando já havia resolvido a questão. Infelizmente, a verdade de que a solução nunca chega para quem não assume a própria luta é frequentemente esquecida. Muitos desejam alguém que lute no lugar deles. O problema é que quando uma pessoa luta suas batalhas por você, seus braços continuam fracos, enquanto os dela se fortalecem. Se eu empunhar a espada por você, sou eu quem ganha musculatura espiritual. Já você permanece dependente, vulnerável e incapaz de se sustentar sozinho. Só o manuseio da espada traz força. Se você deseja vencer, lute.

Não importa o que esteja acontecendo, com quem, onde ou quando — a menos que você reconheça que esse problema é seu, nada mudará. Repito: é sua tarefa fechar a porta da sua casa, acender a candeia e varrer o chão. Contudo, algo que você não pode esquecer é que, quando começar a varrer, a poeira subirá. Resolver problemas não é fácil. O desconforto aparece, a bagunça é revelada. É preciso arrastar móveis, mexer na estrutura da vida, tocar em áreas que talvez tenham sido ignoradas. O erro de muitos é querer falar sobre suas dificuldades sem, de fato, estar disposto a mudar. Arrastar a mobília cansa; mover o fogão e a geladeira dá trabalho, exige suor, mas vale a pena, pois quando a dracma perdida é recuperada, o conjunto volta a ter seu valor.

"O ERRO DE MUITOS
É QUERER FALAR
SOBRE SUAS
DIFICULDADES SEM,
DE FATO, ESTAR
DISPOSTO A MUDAR."

Enfim, entre tantas coisas em jogo, gostaria de mencionar três que são exclusivamente sua responsabilidade. A primeira é *sua paixão pelo Senhor*. Caso esteja desanimado ou tenha se esfriado na fé, a culpa é sua. Se deseja se afastar e entregar-se ao pecado ou se pensa em abandonar tudo, esse problema é seu e de mais ninguém. Sua relação com Deus não depende do pastor, da igreja, do seu cônjuge, filhos ou de qualquer outra pessoa. Não há ninguém que possa manter sua paixão acesa por você.

Se você está bem espiritualmente, parabéns. É mérito seu. Mas se está sem ânimo, sem vontade de orar e sem desejo de buscar a presença de Deus, também é mérito seu. O Senhor não é responsável pelo seu nível de paixão. Ele já fez tudo o que era necessário. Já deu a Palavra, entregou Seu Filho e disponibilizou acesso à Sua presença. O que você faz com isso é decisão sua. O apóstolo Paulo deixa isso claro ao aconselhar Timóteo: "Por essa razão, torno a lembrá-lo de que mantenha viva a chama do dom de Deus que está em você [...]" (2Timóteo 1.6). Ou seja, a chama precisa ser alimentada.

Paulo foi direto em seu conselho: "Timóteo, se a sua fé está se apagando, corra atrás do prejuízo. Se quer ser uma bênção, levante-se e aja". O amor de Deus não é amor de novela. Ele não é um enredo melodramático, no qual tudo gira em torno de um protagonista, cuja única função é esperar um final feliz sem fazer nada. A decisão de se manter firme e buscar ao Senhor depende de você. Se existe disposição para passar uma madrugada maratonando séries, acompanhar um campeonato de futebol, investir horas em conversas e flertes, então não há justificativa para apatia espiritual. Ninguém precisou incentivar você a errar, nem precisou apoiar você para que tomasse decisões ruins. Por que, então, a necessidade de um empurrão para fazer o que é certo?

Embora seja difícil, a verdade precisa ser dita. Não dependa da paixão dos outros como combustível para sua caminhada espiritual. Pare de perder tempo esperando por ligações motivacionais e evite condicionar sua fé ao apoio de um grupo. Não permaneça firme apenas porque há pessoas sustentando sua espiritualidade. A comunhão é, sim, importante; amizades edificam, mas sua relação com o Pai não pode estar baseada em homens. Quando você entende o que Jesus fez por você, não há necessidade de torcida. A paixão pelo Senhor nasce do entendimento da obra de Cristo, e essa é uma questão individual.

A segunda coisa pela qual você é responsável são *suas escolhas*. O lugar onde você está hoje, a vida que está levando agora, não é resultado do acaso ou do destino — é consequência das suas decisões. Se você não gosta da realidade que está vivendo, pare e reflita sobre o que foi que escolheu ontem. Em Deuteronômio 30.19, está escrito: "Hoje invoco os céus e a terra como testemunhas contra vocês, de que coloquei diante de vocês a vida e a morte, a bênção e a maldição. Agora escolham a vida, para que vocês e os seus filhos vivam". Por que esse texto é importante para nós?

Moisés, já idoso e próximo do fim de sua vida, reuniu os israelitas para lhes recordar a aliança que Deus havia feito com eles. Durante 40 anos, haviam peregrinado pelo deserto devido à incredulidade e desobediência da geração anterior, mas agora estavam prestes a entrar na Terra Prometida. O que ele diz no versículo 19 é vital para o futuro da nação. O Senhor já havia estabelecido Sua aliança com o povo e dado a eles Suas leis, revelando as bênçãos que viriam da obediência e as maldições que resultariam da rebeldia (cf. Deuteronômio 28). Ali, nas campinas de Moabe, Moisés conclamava o povo a decidir entre seguir os caminhos do Senhor e prosperar na terra que receberiam, ou rejeitá-Lo e sofrer as consequências.

Escolher a vida significava amar ao Senhor, obedecer aos Seus mandamentos e permanecer fiel à aliança estabelecida no Monte Sinai, o que garantiria a bênção e permitiria que Israel prosperasse em Canaã. No entanto, a desobediência levaria ao exílio, à destruição e à dispersão, conforme advertido anteriormente. Moisés, ao apresentar essa decisão, estava preparando os israelitas para o futuro e deixando claro que a permanência deles na Terra Prometida dependia de sua fidelidade a Deus. Ou seja, o Senhor dava a liberdade de escolha, mas também a responsabilidade pelas consequências que viriam.

Não há mistério, zona cinzenta, nem caminho indefinido. Diante de tudo há apenas duas opções: vida ou morte, bênção ou maldição. Ninguém fica sem alternativa. Se o povo obedecesse, a natureza trabalharia a seu favor, trazendo chuva e fertilidade à terra (cf. Deuteronômio 28.12); porém, se desobedecesse, a própria terra sofreria maldições, secas e destruição (cf. Deuteronômio 28.23-24). Independentemente do que já aconteceu em sua trajetória, sempre há uma decisão que só você pode tomar. O futuro não é determinado pela sorte, mas pelas escolhas feitas no presente. O que você viverá amanhã é reflexo direto de hoje.

Muitos, em especial os jovens, vivem como se o tempo estivesse a seu favor, como se houvesse uma eternidade para corrigir erros e ajustar o rumo. Mal sabem que essa é uma ilusão. O tempo passa rápido, e o que é plantado hoje será colhido amanhã. Todos conhecem a história de Sansão, o homem cuja força descomunal vinha de Deus e que foi escolhido desde o ventre de sua mãe para ser um juiz em Israel (cf. Juízes 13.5). Separado como nazireu, ele tinha a missão de livrar o povo da opressão dos filisteus, mas sua vida foi marcada por escolhas impulsivas e descuidos que o levaram à ruína. Desde jovem, ele demonstrou um comportamento impetuoso, muitas vezes governado por seus desejos e não pela sabedoria ou orientação divina. Seu envolvimento com mulheres filisteias foi um reflexo de sua tendência de ignorar os sinais de perigo por acreditar que sua força o tornava imune às consequências.

Seu relacionamento mais trágico foi com Dalila, que, embora estivesse claramente manipulando-o para descobrir o segredo de sua força, conseguiu conquistá-lo (cf. Juízes 16.15-17). Sansão poderia ter percebido as intenções traiçoeiras dela; só que, em vez de tomar uma decisão sensata e se afastar, ele permaneceu. Foi essa decisão que o levou à captura, à perda de sua força e à humilhação diante de seus inimigos. O homem que uma vez derrotara exércitos sozinho agora se via cego, escravizado e forçado a girar um moinho como um animal. Pelo menos conseguiu derrubar um templo e levar seus inimigos junto na queda. Uma vitória amarga, não?

Pois é, não adianta justificar más decisões com desculpas emocionais depois. "Ah, pastor, eu me envolvi com aquela pessoa porque estava carente". Não, você se envolveu porque escolheu. A carência não é a culpada. Foi você quem decidiu ignorar os sinais e entrar em um relacionamento destrutivo. "A pressão financeira era grande, por isso aceitei entrar naquele esquema errado". Não, você aceitou porque quis. A vida e a morte estavam diante dos seus olhos e você optou por um caminho.

> **"O QUE VOCÊ VIVERÁ AMANHÃ É REFLEXO DIRETO DE HOJE."**

Por fim, a terceira coisa que você precisa entender é que *você é responsável pelo que pensa*. A Bíblia nos ensina, em Isaías 55.9, que assim como os céus são mais altos do que a Terra, os caminhos e pensamentos do Senhor são mais altos do que os nossos. Isto é, a forma como Deus pensa é superior à nossa lógica humana. O que você acha certo nem sempre é certo para Ele. Seus pensamentos precisam ser transformados pela Verdade.

Muitas vezes, nós nos limitamos ao que é racional, lógico e faz sentido dentro da nossa pequena visão de mundo. O Senhor, porém, chama-nos a enxergar além, a viver o impossível. Quando todos à sua volta disserem que um caminho é o melhor, pense se é o que Deus escolheria para você. O que pode parecer belo aos olhos humanos pode, na verdade, ser um caminho de destruição. Não se deixe enganar por aparências. A vida é sua, mas a direção do alto é inegociável.

É por isso que Paulo nos ensina em 2Coríntios 10.4 que existem batalhas que não se vencem com lógica humana, mas com armas espirituais: "As armas com as quais lutamos não são humanas; ao contrário, são poderosas em Deus para destruir fortalezas". Mude sua forma de pensar. Alinhe seus pensamentos com os de Deus, pois enquanto você continuar raciocinando como o mundo, continuará preso às limitações mundanas. Agora, quando decidir pensar como Deus, sua vida se abrirá para o sobrenatural.

A lógica humana afirmaria que, para derrubar uma cidade fortificada como Jericó, Israel precisaria de armas pesadas, máquinas de guerra e uma estratégia bem elaborada. As cidades muradas da antiguidade eram projetadas para resistir a ataques prolongados, e a conquista de um território fortificado exigia força militar superior e recursos adequados. Contudo, Deus instruiu Josué a marchar ao redor dos muros por sete dias, sem empunhar uma única espada (cf. Josué 6.1-20). No sétimo dia, a marcha foi repetida sete vezes e, ao final, ao som das trombetas e do grito coletivo do povo, as muralhas caíram.

Gideão, que reuniu 32.000 soldados para lutar contra os midianitas, viu seu exército ser reduzido, por ordem de Deus. Primeiro, todos os que estavam com medo foram dispensados, restando apenas 10.000 homens. Depois, por meio de um teste — a forma como os soldados bebiam água —, Deus selecionou apenas 300 guerreiros para a batalha (cf. Juízes 7.1-22). Qualquer general veria essa decisão como uma sentença de morte, mas, com apenas tal número de indivíduos, armados com tochas, cântaros e trombetas, o Senhor realizou um milagre. No momento certo, ao som das trombetas e da quebra dos cântaros, o exército midianita foi tomado pelo pânico e, confuso, voltou-se contra si mesmo.

E o episódio em que Elias enfrentou sozinho 450 profetas de Baal no Monte Carmelo (cf. 1Reis 18.20-39)? A batalha não era física, mas espiritual. Em um tempo de apostasia, em que

Israel oscilava entre servir ao Senhor e se render à idolatria promovida pelo rei Acabe e pela rainha Jezabel, Elias desafiou o povo a escolher: "[...] Se o Senhor é Deus, sigam-no; mas, se Baal é Deus, sigam-no" (1Reis 18.21). Então, propôs um teste: cada lado prepararia um sacrifício, mas sem acender o fogo. A divindade que respondesse com fogo do céu seria a verdadeira.

Os profetas de Baal começaram seu ritual cedo. Gritaram, dançaram ao redor do altar, clamaram e até se cortaram com facas, tentando atrair a atenção de seu deus. O tempo passou, e nada aconteceu. Nenhum fogo, apenas silêncio. Elias observava e, com ironia, sugeriu que talvez Baal estivesse dormindo ou viajando. Quando chegou sua vez, ele restaurou o altar do Senhor com doze pedras e fez algo ainda mais ousado: mandou encharcar o sacrifício e a lenha com água, o que impossibilitava qualquer combustão natural. Em seguida, sem gritos nem rituais exaustivos, ele orou. Foi então que o céu respondeu. O fogo desceu e consumiu o sacrifício, a lenha, as pedras e até a água que escorria ao redor do altar.

Não podemos pensar como um homem natural, porque as armas que usamos para vencer não são naturais. As batalhas espirituais não se vencem com lógica terrena, estratégias humanas ou raciocínios limitados. O pensamento tem o poder de moldar a vida; portanto, pensamentos errados produzirão, inevitavelmente, uma vida errada. Enquanto você se vitimizar e acreditar que tudo o que acontece é culpa de alguém, você sempre será a parte mais fraca. E os fracos não vencem. Você precisa se levantar, pois se não fizer isso, o inferno o atropelará. Assuma sua posição. O que você faz com sua vida é uma escolha que só você pode tomar.

O Reino de Deus e o Evangelho não são para os fracos ou aqueles que se entregam ao desânimo e à fraqueza, mas para os que resistem. O que está escrito em Tiago 4:7? "[...] Resistam ao diabo, e ele fugirá de vocês". Existe uma batalha a ser enfrentada, e a vitória só vem para quem decide perseverar. Por isso, digo a você que está lendo este livro: esse problema que você está enfrentando é seu. Enquanto você continuar a negar isso, nada mudará. Até quando você seguirá a multidão sem pensar? Cadê sua personalidade? Deus deu a você uma mente para ser usada. Ninguém nasceu para ser "Maria vai com as outras".

Quem tem propósito não perde tempo contando sua vida para quem está pior. Seja reservado, pense por si mesmo, assuma suas responsabilidades e tome atitudes que mudem seu futuro. Sua vida, frieza espiritual, desânimo, escolhas e caminhos — tudo isso é problema seu. E, quando Deus vir que você fechou a porta, acendeu a candeia e decidiu agir, Ele responderá. A poeira acumulada por anos de descuido será removida. Lugares escuros serão iluminados. Tudo o que estiver nas sombras será exposto à luz.

Lembre-se: existe um lugar de autoridade que não é o púlpito, mas o espelho. Ele é o maior tribunal da vida de um ser humano. É nele que a verdade se revela, que não há máscaras ou desculpas, nem como se esconder atrás de falhas alheias. Quem tem a coragem de se encarar, de admitir no que errou, de reconhecer falhas e decidir mudar, encontra autoridade para viver uma nova história. Não perca mais tempo olhando o cisco no olho do seu irmão enquanto há uma trave diante dos seus próprios olhos. Seus pensamentos, escolhas e paixão por Deus — tudo isso é sua responsabilidade.

“EXISTE UMA BATALHA A SER ENFRENTADA, E A VITÓRIA SÓ VEM PARA QUEM DECIDE PERSEVERAR.”

capítulo 3

SE NADA ACONTECE, A CULPA É SUA

Verdade seja dita, às vezes, a vida parece travada. Você se esforça, procura saídas, mas tudo permanece igual. É como bater em uma porta que simplesmente não se abre. Para alguns, isso acontece na vida profissional — anos de dedicação sem reconhecimento e progresso. Para outros, a questão é um vazio interior, aquela inquietação que sugere que algo está errado, embora não saibam exatamente o quê. Independentemente de qual seja a circunstância ou contexto, a solução não está tão distante quanto parece.

Lembra de Bartimeu, o cego que passava os dias sentado à beira do caminho em Jericó, mendigando? Um dia, ele soube que Jesus estava passando por ali. Ao ouvir a movimentação, ele começou a gritar: "[...] Jesus, filho de Davi, tem misericórdia de mim!" (Lucas 18.38). Pessoas tentaram silenciá-lo, mas Bartimeu não se calou. Pelo contrário, gritou ainda mais alto. A Bíblia diz que, então, "Jesus parou e ordenou que o homem lhe fosse trazido. Quando ele chegou perto, Jesus perguntou-lhe: 'O que você quer que eu faça?' [...]" (Lucas 18.40-41).

A resposta parecia óbvia. Ele era cego! Só que Jesus queria ouvi-lo dizer; e Bartimeu não hesitou: "Senhor, eu quero ver".

No mesmo instante, ele recuperou a visão. O que torna esse relato bíblico interessante é a lição de que estar próximo da resposta não é suficiente — é necessário clamar por ela. Muitas pessoas estavam na mesma estrada naquele dia. Porém, apenas uma experimentou uma transformação. Percebe? Existe um caminho para a mudança que exige posicionamento. Embora pudesse ter curado Bartimeu assim que ele gritou pela primeira vez, Jesus optou por aguardar sua insistência. Da mesma forma, o Senhor pode fazer qualquer coisa, mas nos chama a um processo.

Em 2Crônicas 7.14, um texto bastante conhecido, está escrito: "Se o meu povo, que se chama pelo meu nome, se humilhar, orar, me buscar e se converter dos seus maus caminhos, eu ouvirei dos céus, perdoarei os seus pecados e sararei a sua terra" (NAA). Em seguida, no versículo 15, Deus continua: "Os meus olhos estarão abertos e os meus ouvidos estarão atentos à oração que se fizer neste lugar" (NAA).

Essa passagem das Escrituras foi registrada em um momento especial da história de Israel: a inauguração do Templo de Salomão. Houve uma grande celebração, marcada por sacrifícios e demonstrações de devoção. Durante a festa, a glória do Senhor se manifestou, confirmando que Ele aceitava aquele templo como um lugar de adoração. Ele estava satisfeito com o que acontecia ali, pois o templo era um símbolo da aliança Dele com o povo.

Porém, o mais importante não foi a construção do templo, mas sim o princípio espiritual revelado no momento. Deus desejava um povo rendido a Ele, em vez de apenas um edifício majestoso. Por isso, quase que desenhou um mapa para o avivamento. No versículo 14, Ele expôs o caminho para a transformação: humilhar-se, orar, buscar Sua face e se afastar de maus caminhos. Quem segue esses passos encontra vida. Muitas pessoas já leram esse texto e até o decoraram; contudo, nem sempre param para refletir sobre sua profundidade.

Talvez você já saiba que "avivamento" significa "tornar novo; tornar vivo". O termo se originou do verbo "avivar", derivado do latim *vivere*, cujo significado é "viver". Indo um pouco além, a Bíblia traz duas palavras que correspondem a tal conceito. No Antigo Testamento, a raiz hebraica mais usada para "avivar" é חָיָה (*chayah*), que significa "dar vida" ou "preservar a vida" (cf. Strong's H2421). Esse termo aparece, por exemplo, no clamor do salmista: "[...] **vivifica-nos**, e invocaremos o teu nome" (Salmos 80.18 – grifo nosso). Já no Novo Testamento, encontramos o termo grego ἀναζωπυρέω (*anazōpureó*), que significa "reacender" ou "reviver" (*ana* = novamente; *zōos* = vivo; *pyr* = fogo) (cf. Strong's G329), em 2Timóteo 1.6: "Por essa razão, torno a lembrá-lo de que **mantenha viva** a chama do dom de Deus que está em você mediante a imposição das minhas mãos" (Grifo nosso).

> **"EXISTE UM CAMINHO PARA A MUDANÇA QUE EXIGE POSICIONAMENTO."**

Portanto, a palavra pode ser entendida como um ato de dar vida novamente, restaurar o vigor e reacender aquilo que parecia enfraquecido. No fundo, é isso que todos desejam em alguma, senão em todas as áreas da sua vida, não? Avivamento consiste em transformar o que é velho em algo melhor. Quando uma coisa se torna monótona e previsível, ele chega para restaurar, e creio que o Senhor tem o poder de nos avivar *em todas as áreas da nossa vida*.

É exatamente nisso que 2Crônicas 7.14 se relaciona com a questão. O texto aborda *causas* e *efeitos*. Em outras palavras, um avivamento não acontece do nada. Há sempre um gatilho, um despertar, uma busca que move o coração de Deus. E quando o processo começa, Ele intervém e transforma o que antes parecia sem vida e sentido. Agora, o que, de fato, provoca essa transformação? Sabemos muito bem o que gera morte, destruição e sofrimento, o que leva à prisão, à depressão e ao desespero. Conhecemos os efeitos das drogas, da traição, da mentira e das dívidas, e até temos consciência de como o diabo age. No entanto, quando se trata de entender o que gera vida, somos limitados.

Uma coisa é inegável: a renovação que você tanto deseja — seja no casamento, no trabalho, na sua esperança, no seu futuro — não é uma decisão que vem apenas da soberania divina. Sem dúvidas, Deus pode agir, só que Ele estabeleceu um princípio: **todo avivamento começa no homem**. O versículo começa dizendo: "Se o meu povo [...]". Perceba que não é *se o Céu ou a Trindade*. É como se o Altíssimo estivesse dizendo: "Quer uma vida nova? Entenda que isso é fruto de uma decisão sua". A transformação não é automática; ela acontece quando há uma resposta humana.

O problema é que, muitas vezes, nem tudo o que dizemos expressa um desejo real. Gritamos, esbravejamos e pedimos para ser livres de situações das quais não queremos nos desapegar.

Somos mestres em enganar a nós mesmos. Manipulamos nossos próprios sentimentos e acabamos sem saber ao certo o que realmente desejamos. Vivemos dilemas em muitas questões e não nos dispomos, de fato, a dar o primeiro passo.

"Se o meu povo, que se chama pelo meu nome, se humilhar [...]". O que significa isso? Humilhar-se implica falar com Deus de verdade, sem ensaiar palavras, tentar impressioná-Lo ou fazer média. Não se trata de um discurso bonito ou uma religiosidade vazia, muito menos encenação. Não é um ato exterior apenas; pelo contrário, a Bíblia está se referindo a um reconhecimento sincero da nossa real condição espiritual.

Qual é o meu estado espiritual? Por baixo de maquiagem, máscara, músicas que canto, pregações que faço, roupas que visto, minha carteirinha de membro da igreja, meus ministérios e voluntariado — quem sou eu perante o Senhor? Podemos enganar o pastor, os irmãos da igreja, os líderes e até a nós mesmos. Deus, não. Nada fica oculto aos olhos do Senhor. Você deseja renovo? A primeira coisa que precisa fazer é se humilhar. Parar de fingir e interpretar um papel, porque quem dá vida é Deus, e Ele só pode transformar aquilo que é colocado diante Dele sem máscaras.

Alguns estão mortos espiritualmente, e precisam reconhecer sua condição. Talvez você ouça uma pregação, mas não sinta nada. Na verdade, preferiria nem estar na igreja. Está porque foi obrigado, sofreu pressão ou disseram que haveria consequências se não viesse ao culto. O coração está distante e vazio. Na hora do louvor, nada sai da sua boca; porém, há disposição para se envolver com qualquer coisa que o mundo oferece. A verdade é simples: você está morto.

Talvez você diga: "Não estou morto, pastor". Só que está morno. E, espiritualmente, estar morno é ainda pior. Em Apocalipse 3.16, está escrito: "Assim, porque você é morno, não é frio nem quente, estou a ponto de vomitá-lo da minha boca". Sabe qual é a marca de alguém morno? A soberba. A pessoa acredita que está bem. Ela se vê como equilibrada, num nível aceitável de fé. Pensa que sua vida está boa o suficiente e que nada precisa melhorar. A pobre criatura até se acha superior aos outros. Não aceita correção, nem ser confrontada. É por isso que o texto afirma que é melhor ser frio do que ficar em cima do muro. O frio pelo menos reconhece que está distante. Já o morno se ilude e vive na zona cinzenta da fé.

Agora, a frieza espiritual não acontece de um dia para o outro. Ninguém acorda, do nada, distante de Deus. É um processo lento, que acontece sem alarde. Primeiro, você perde o prazer da oração; depois, o desejo de ler a Palavra. O culto começa a parecer cansativo, e a adoração perde o sentido. Quando percebe, já não sente mais nada. E o pior? Isso não assusta, pois essa decadência acontece devagar. A pessoa vai se acostumando com a ausência do Senhor até que sua apatia pareça normal. De repente, ela se encontra longe e sem forças para voltar.

Outra questão preocupante nas igrejas hoje em dia é que muitos vivem como se não precisassem de Deus. É um absurdo ver quantas pessoas afirmam ter fé, mas não dependem do Altíssimo para nada. Trabalham sem orar, tomam decisões sem buscar Sua direção, casam-se sem perguntar a Ele, abrem empresas sem colocá-las diante Dele. Não era para ser assim. Não deveríamos dar um único passo sequer sem antes dizer: "Pai, o que o Senhor acha?". Deus, infelizmente, só é lembrado quando tudo dá errado. Essa é a razão pela qual Deus não requer um passo qualquer. Ele exige humildade, confissão e entrega. Afinal, só quem admite sua real condição pode ser restaurado. Portanto, se você deseja avivamento, precisa se decidir. Não há meio-termo ou espaço para uma vida sem compromisso com Deus.

"Se o meu povo, que se chama pelo meu nome, se humilhar [...]" e, o texto continua — "orar". Ou seja, abrir a boca e falar com Deus. O texto de 2Crônicas 7.14 não está se referindo à repetição de frases decoradas, mas à confissão do que está dentro do coração, sem esconder nada ou tentar manter uma aparência perfeita. Às vezes, cristãos parecem agentes secretos, escondendo o que sentem, jogando a verdade para debaixo do tapete por medo ou covardia. A Bíblia, no entanto, é clara: "Mas os covardes [...] o lugar deles será no lago de fogo que arde com enxofre. Esta é a segunda morte" (Apocalipse 21.8).

Orar, no caso, implica se colocar perante o Senhor e ser verdadeiro. Deus não rejeita uma oração sincera e deseja que falemos sem firulas. Ninguém é capaz de nos tocar como Jesus. O vazio que tentamos preencher com coisas passageiras só pode ser preenchido por Ele. Somente Cristo consegue colocar o dedo na ferida sem causar mais dor e restaurar de dentro para fora. Então, por que continuar calado? Se Deus está pronto para agir, o que nos impede de clamar? É preciso abrir a boca, humilhar-se e orar.

Avivamento nasce da frustração, sabia? Nada acontece em meio à acomodação ou indiferença. Um coração precisa perceber que algo está faltando. Então, quando a alma clamar por mais, quando a superficialidade já não satisfizer, um novo mover começará a se desenhar. A transformação se inicia quando você tem a coragem de dizer: "Senhor, não estou feliz. Preciso de Ti". O processo é simples: reconhecer o próprio estado espiritual, humilhar-se, orar e, então, *buscar*.

Lembro-me como se fosse ontem de um dia em que vi isso acontecer diante dos meus olhos. Era um domingo aparentemente comum. O culto já havia terminado, algumas pessoas ainda circulavam pela igreja, e eu me preparava para sair quando notei um rapaz no fundo, sozinho, encostado na parede. Ele estava parado, com um olhar indeciso, como se não soubesse se devia ficar ou ir embora.

Aproximei-me, estendi a mão e perguntei se estava tudo bem. Ele me olhou nos olhos, com uma expressão vazia, e respondeu em voz baixa: "Pastor, vim hoje para dizer tchau". No momento, confesso que não entendi. Perguntei: "Tchau para quem?". E ele respondeu: "Para a vida". Então, começou a chorar e contou que, naquela manhã, havia escrito uma carta de despedida. Tudo já estava decidido. Assim que voltasse para casa, tiraria a própria vida.

Era alguém que havia crescido na igreja, sabia versículos de cor, conhecia os louvores e as tradições. Só que, na prática, tudo aquilo tinha perdido o sentido. A fé agora era só peso. Ele disse que já não sentia nada quando orava, que a Bíblia parecia um livro qualquer, letras sem vida, e que continuar fingindo, carregar essa espiritualidade vazia, estava destruindo-o pouco a pouco. Antes de tomar a decisão final, ele fez uma última oração curta, quase cínica: "Deus, se ainda estiver aí, faz alguma coisa. Qualquer coisa". E, por alguma razão, pegou o celular, procurou uma igreja aberta, viu o nome da nossa e decidiu ir até lá.

Ali mesmo, no corredor, ajoelhado no chão frio — sem holofotes, música de fundo ou plateia —, aquele rapaz encontrou o começo de um novo tempo. Oramos juntos. Não foi uma oração bonita. Foi feia, dolorida, verdadeira. Ele só conseguia dizer: "Não quero morrer, mas não sei mais viver". Foi o início de um avivamento. Nas semanas seguintes, ele começou a mudar. Buscou ajuda e passou a se permitir ser tratado por Deus, sem pressa. Hoje, ele leva uma vida normal. Tem estabilidade emocional, amadureceu na fé e tornou-se um homem comprometido com o Senhor — sem exageros ou palco, porém com raízes.

Buscar a face do Senhor denota exatamente isso. Afinal, não existe novo estágio com Deus sem que haja um desejo por Ele. É algo pessoal. Ninguém pode buscar a Deus pelo outro. Muitas pessoas me procuram e dizem: "Pastor, ore pelo meu pai, pelo meu marido, pelo meu amigo, para que Deus salve cada um". Sempre respondo da mesma forma: "Deus não manipula pessoas". O que quero dizer é que a salvação não acontece porque alguém ora desejando isso para outra pessoa. Orar por alguém é essencial, mas não substitui a necessidade de uma decisão individual. Se fosse diferente, o inferno seria injusto.

"NÃO EXISTE NOVO ESTÁGIO COM DEUS SEM QUE HAJA UM DESEJO POR ELE."

Isso, porém, não significa que orar seja inútil ou desnecessário. Pelo contrário, a intercessão tem poder. Quando oro, peço que Deus tenha misericórdia e crie circunstâncias para que aqueles a quem amamos possam enxergar a verdade. Mas, até que haja uma decisão pessoal, nada acontecerá. Deus não força ninguém a aceitá-Lo. Da mesma forma, não há avivamento sem vontade.

Você ama a Deus? Muitos dizem que sim, mas será que esse amor se prova na prática? Você já leu a Bíblia hoje? Orou antes de suas refeições? Lembrou-se do Senhor ao longo do dia? Nos momentos difíceis, ao invés de buscá-Lo, você reclama? Sai xingando, chutando tudo, amaldiçoando a vida que Ele deu a você? Dizendo que ela é uma porcaria? Sabe o que é o mais engraçado? A vida nem sua é. Em seu batismo, você a entregou a Cristo. Portanto, por que agora está pegando de volta o que entregou a Ele? Amar ao Senhor é um compromisso, uma escolha diária. Se você realmente O ama, sua vida deve, obrigatoriamente, refletir esse amor. Caso contrário, alguma coisa está errada.

Depois, não adianta subir o monte, correr atrás de conferências famosas ou buscar objetos "ungidos" para levar embora como se fossem amuletos espirituais. Tudo não passa de superstição disfarçada de fé. Gente demais se ilude com sinais, paninhos "ungidos", fronhas "abençoadas" ou sabonetes "milagrosos", e, perdão pela franqueza, isso é coisa de tolo. A Bíblia afirma que o povo perece por falta de conhecimento (cf. Efésios 4:6). E por quê? Porque não conhece a Palavra e acaba caindo em conversas fiadas.

É mais fácil acreditar em um objeto do que confiar na Verdade, ou colocar a fé em algo palpável do que ter uma vida de busca e fidelidade. Só que não existe atalho para o avivamento. Você quer ser avivado? *Queira,* portanto. Depois, *reconheça sua condição espiritual* — humilhe-se, admita onde está e peça ajuda. Em seguida, *abra sua boca e ore*. Então, *busque a face do Senhor*. Não de vez em quando, mas de manhã, à tarde e à noite. Afinal, quando você quer alguma coisa, não mede esforços para conseguir. Com Deus, não é diferente. Você realmente o deseja ou está apenas esperando um milagre cair do céu enquanto continua vivendo do mesmo jeito?

Isso nos leva à última ação mencionada pelo Senhor. Se o povo quiser, reconhecer sua condição espiritual, abrir a boca para orar, buscar a face Dele e, então, *converter-se dos seus maus caminhos*. Converter-se implica uma transformação real, uma mudança de estilo de vida. Deus não está falando sobre parar de fazer algo por medo das consequências, mas sim por convicção. É preciso haver consciência. Sabe quando você olha para sua vida e percebe que tudo está um caos? Esse é o momento de pensar em como você chegou até ali. O que o afastou de Deus? Por que sua alma está tão vazia?

É comum pessoas procurarem pastores e dizerem: "Preciso de ajuda! Sinto que é o tempo certo para mudar, mas não sei como". Pare com esse papo infantil. Deixe de tratar essa decisão como se fosse um conceito abstrato. Aja com seriedade. Você precisa mudar porque tem clareza de que sua vida está indo para um caminho perigoso. A procrastinação é inimiga da transformação. Deus já lhe deu a oportunidade de enxergar a realidade na qual você se encontra. Agora, cabe a você agir.

Assim, quando alguém perguntar: "Por que você mudou?", sua resposta não será: "Não sei, apenas senti que era a hora". Sentiu nada. Transformação nenhuma nasce de impulsos emocionais. A Bíblia diz, em Romanos 12.1: "Portanto, irmãos, rogo pelas misericórdias de Deus que se ofereçam em sacrifício vivo, santo e agradável a Deus; este é o culto racional de vocês". Um culto racional, não emocional. O Senhor não está interessado em dramas momentâneos, mas em atitudes concretas. O que Ele busca são homens e mulheres corajosos o suficiente para admitir: "Estou fraco, cego e perdido! Preciso de ajuda". Pessoas que decidem não mais flertar com aquilo que pode destruí-las. A escolha entre a verdade e a ilusão está em suas mãos.

O que está escrito em Salmos 1.1-2? "Como é feliz aquele que não segue o conselho dos ímpios, não imita a conduta dos pecadores, nem se assenta na roda dos zombadores! Ao contrário, sua satisfação está na lei do Senhor, e nessa lei medita dia e noite". É triste ver pessoas dentro da igreja, batizadas, criadas no Evangelho, brincando com o pecado e testando os limites da graça. Aí surge a contradição: dizem amar a Cristo, mas como podem afirmar que O amam se não levam a santidade a sério? Que tipo de amor é esse?

Amor se prova com obediência e sacrifício. Aposto que, em algum momento, você já fez algo que não queria só para ver alguém que ama sorrir. Sim ou não? Todos sabemos que quem ama de verdade está disposto a renunciar a desejos pessoais em favor do outro. Agora, quando o assunto é Deus, nossa postura muda. De repente, nos tornamos relutantes. Não queremos renunciar a nada. A verdade, por mais dura que seja, é que isso prova que não amamos de fato — apenas gostamos. E há uma diferença entre gostar e amar. Gostar de Jesus significa achá-Lo interessante e admirar Sua história.

Se um dia colocassem uma arma em sua cabeça, você só conseguiria dizer "Pode me matar, porque não nego Jesus" se o amasse. Quem apenas gosta negará na hora, sem pensar duas vezes. Quando chegarem os dias em que o sistema do mundo exigir que você negue a Cristo para poder comprar comida, ter acesso à saúde ou colocar seus filhos na escola, o que você fará? Nós vimos um pequeno vislumbre disso durante a pandemia, com certas restrições impostas. Porém, o que está por vir será muito pior. O controle será total. O teste da fé será intenso.

E quem apenas gosta de Jesus não hesitará em trocá-Lo por um prato ou um cacho de banana. Muitos já fazem isso hoje por muito menos — um jogo, uma namorada, um dinheiro extra ou uma roda de amigos. Qualquer coisa se torna justificativa para negligenciar a fé. É exatamente por isso que não há avivamento. O Senhor já revelou o caminho. Temos que decidir se realmente faremos o que é preciso ou se continuaremos vivendo de migalhas.

"Se o meu povo, que se chama pelo meu nome, se humilhar, orar, me buscar e se converter dos seus maus caminhos [...]". Essas são as causas do avivamento. Isso é o que faz o Céu sorrir para você. Não importa onde esteja — no fundo do poço, cercado pela escuridão, sem esperança, sentindo-se completamente arruinado. Pode ser que esteja no meio do inferno, preso às piores escolhas, lidando com consequências que parecem irreversíveis. Talvez em uma prisão, literal ou emocional. Sujo, fedendo, devendo, sem dignidade ou perspectiva, carregando um peso que ninguém mais entende.

Quem sabe sua história seja marcada por falhas que, aos olhos humanos, são imperdoáveis. Você pode ter sido um assassino, um estuprador, um pedófilo. Pode ter cometido atos que a sociedade não tolera e não quer nem ouvir falar. Existe Um que não vê como os homens veem: Cristo. O sangue do Cordeiro cobre todo pecado. Não há nada que seja grande demais para o poder da cruz. Nenhuma condenação é maior do que a graça que é derramada sobre quem se arrepende.

Jesus pagou um alto preço para que ninguém fosse considerado irrecuperável. Não há caso perdido para Ele. Seu sacrifício alcança qualquer pessoa que decida se humilhar, orar, buscá-Lo e abandonar seus maus caminhos. Se há arrependimento sincero, há perdão. Pois "[...] onde aumentou o pecado transbordou a graça (Romanos 5.20). Contudo, é necessário entender que saber disso não é suficiente. O que transforma nossa vida é a nossa conduta diária. Quando temos a oportunidade para pecar, mas não cedemos por amor a Cristo. O mundo pode dizer: "Todo mundo faz isso". Porém, o erro dos outros nunca poderá ser uma desculpa para o nosso. Deus não julgará com base no que é comum ou aceito pela sociedade. Nunca se esqueça de que a porta do céu é estreita e o caminho é individual.

Agora, lembra do que acontece quando você se humilha, ora, busca a face do Senhor e se arrepende dos seus maus caminhos? O Senhor diz: "Eu ouvirei dos céus [...]". Essa não é uma promessa qualquer, é a garantia de que Ele está atento àqueles que O buscam. Já imaginou o próprio Deus, Criador do universo, que governa todas as coisas, inclinando os ouvidos para ouvir sua voz?

Pense em onde você pode chegar quando Deus dá atenção às suas palavras. Que tipo de transformação pode acontecer quando suas orações recebem resposta? "Eu ouvirei dos céus [...]", sabe o que isso significa? *Bençãos extraordinárias*. Provisão, direção, cura, restauração, portas abertas, caminhos endireitados, fardos aliviados e um nível de intimidade que muda a forma como você vive.

A Bíblia está repleta de exemplos de homens que oraram e algo sobrenatural aconteceu. Josué clamou, e o sol parou. Pare por um momento e imagine essa cena: um homem no meio da batalha, suado, exausto, com o coração acelerado e a espada ainda pingando sangue. O inimigo estava recuando, mas o tempo estava acabando. A noite se aproximava, e se, a escuridão caísse, os adversários teriam a chance de fugir e se reagrupar. Era uma questão de vitória total ou um novo confronto no dia seguinte. Josué sabia que Deus estava com ele e que aquela batalha pertencia ao Senhor; então, pediu para que o sol ficasse parado. Ele não sabia nada sobre geografia e astronomia, nem tinha o menor conhecimento científico sobre como os astros funcionavam. Mas nada disso importava. A Terra inteira parou por conta da oração de um homem que conhecia o Deus a quem servia.

Ezequias recebeu uma sentença de morte. Não foi um diagnóstico médico ou um palpite humano. O profeta Isaías foi até ele e declarou: "[...] Assim diz o Senhor: 'Ponha a casa em ordem, porque você vai morrer' [...]" (Isaías 38.1). O rei estava doente e agora recebia a notícia de que seu tempo havia acabado. Qualquer um poderia ter se conformado e até se entregado à tristeza. Contudo, "Ezequias virou o rosto para a parede e orou ao Senhor: 'Lembra-te, Senhor, de como tenho te servido com fidelidade e com devoção sincera, e tenho feito o que tu aprovas' [...]". (Isaías 38.2-3).

Antes mesmo que Isaías saísse do pátio do palácio, o Senhor já tinha uma resposta para o rei. Ele mandou Isaías voltar com uma nova palavra: "[...] Ouvi sua oração e vi suas lágrimas; acrescentarei quinze anos à sua vida" (Isaías 38.5). O decreto de morte foi revertido porque um homem decidiu orar. Por quê? Porque quando você se humilha, ora, busca e se arrepende, milagres acontecem. O Senhor não muda; se ele fez antes, pode fazer de novo. A grande pergunta é: você está disposto a buscar essa transformação?

Se você tomar uma decisão e entender que o avivamento começará em você, o Senhor ouvirá sua voz e bênçãos extraordinárias virão. "Eu ouvirei dos céus" e, então, "perdoarei os seus pecados". Ou seja, *bênçãos espirituais*. O pecado afasta o homem do Criador. Porém, quando Deus perdoa, Ele reconstrói e renova. Nosso passado sujo é apagado e uma nova história começa a ser escrita. O perdão devolve o brilho aos olhos, renova a esperança, traz vigor, restaura a vida.

O apóstolo Paulo escreveu, em Romanos 8.1, que "[...] agora já não há condenação para os que estão em Cristo Jesus", e essa é uma verdade poderosa. Contudo, será que realmente vivemos com essa consciência? Talvez você seja alguém que carrega um peso enorme. Sabe do que estou falando? Aquela culpa que o tortura todos os dias. Aquele erro que, mesmo perdoado, ainda o assombra. Um passado que insiste em tentar convencê-lo de que nunca será livre. Hoje, o Senhor diz: "Depende de você".

> **"O PERDÃO DEVOLVE O BRILHO AOS OLHOS, RENOVA A ESPERANÇA, TRAZ VIGOR, RESTAURA A VIDA."**

Há liberdade para essa prisão interior, poder para quebrar as amarras que o sufocam e glória para transformar essa dor em paz. Você precisa decidir entregar esse fardo. “Eu ouvirei dos céus, perdoarei os seus pecados [...]” e, por fim, “sararei a sua terra”. Portanto, bênçãos extraordinárias, espirituais e, agora, “sarar a terra” simboliza provisão, restauração, *bênçãos materiais* — um tópico bastante delicado.

Muitos foram ensinados, por exemplo, que buscar prosperidade é errado, que a fé e a riqueza não podem caminhar juntas. Isso não passa de um engano religioso. O Criador não se opõe à abundância. O problema nunca foi o dinheiro, mas o lugar que ele ocupa no coração da pessoa. Se há fidelidade, integridade e obediência, a provisão vem. Toda a criação sofre as consequências da maldade humana, mas aqueles que vivem segundo os princípios divinos não precisam temer a escassez.

“Sarar a terra” significa plantar sementes e vê-las crescer. Depositar sonhos e viver a realização deles, em vez de passar a vida apenas imaginando um futuro melhor. Deus não chama ninguém para uma existência de espera passiva, para que tudo se resolva por si só. É sobre plantar e colher, viver sonhos na prática, e concretizar aquilo que o Senhor colocou em suas mãos. Quem planta fé, colhe promessas cumpridas. Quem planta obediência, colhe bênçãos. Quem planta perseverança, colhe crescimento. Deus diz: “Se o meu povo, que se chama pelo meu nome [...]”; portanto, a pergunta final é a seguinte: você deseja que Ele ouça dos céus, perdoe seus pecados e sare sua terra?

Se você não sabe qual é a sua resposta, a culpa não é de ninguém, a não ser sua. Talvez o avivamento ainda não tenha vindo, não porque Deus falhou — o que é impossível acontecer —, mas por você não querer de verdade. Pode ser que você ainda não tenha reconhecido quem realmente é, orado, buscado a face do Senhor, nem se convertido dos seus maus caminhos. Contudo, Deus está dizendo: "Estou aqui", e Ele não se cansa de esperar. O poder para transformar sua vida está ao alcance de uma decisão. Tudo pode se tornar novo — basta você decidir.

“QUEM PLANTA FÉ, COLHE PROMESSAS CUMPRIDAS. QUEM PLANTA OBEDIÊNCIA, COLHE BÊNÇÃOS. QUEM PLANTA PERSEVERANÇA, COLHE CRESCIMENTO.”

capítulo 4

IGNORE A MAIORIA

A trajetória da humanidade sempre oscilou entre a coragem e a dúvida, entre o desejo de avançar e o impulso de recuar. Grandes momentos foram definidos pelo que se via e se escolhia acreditar. Quando os navegadores portugueses se lançaram ao mar, imagino que muitos temiam cair no abismo do desconhecido por acreditarem que o mundo terminava em um precipício. Quando os irmãos Wright testaram seu primeiro avião, poucos confiavam que o homem pudesse desafiar as leis da natureza e, um dia, voar. E, quando Martin Luther King Jr. sonhou com igualdade, o mundo à sua volta insistia que a segregação era um muro intransponível. Em cada um desses casos, a visão de futuro precisou superar a resistência da realidade.

Essa tensão entre a promessa e a dúvida não é apenas um dilema moderno. Está presente nas raízes da humanidade e nos relatos mais antigos. Há, inclusive, um livro na Bíblia que apresenta um momento assim, um ponto crucial em que a hesitação e a fé entraram em conflito. Costumo dizer que ele é a antessala da entrada do povo de Deus na Terra Prometida. Refiro-me ao livro de Números.

A narrativa aborda os momentos finais da jornada pelo deserto, quando a promessa estava prestes a se cumprir. Um momento de transição, expectativa e também provações mais intensas. Moisés e os israelitas estavam diante do destino tão aguardado. O líder que havia guiado o povo por décadas, enfrentado murmurações, batalhas e milagres extraordinários, chegou a enxergar Canaã, porém não teve a permissão de entrar nela.

O que esse episódio nos ensina é que, muitas vezes, os obstáculos ficarão mais difíceis justamente quando a linha de chegada estiver à vista. O povo hebreu foi forjado no deserto, mas foi na iminência da conquista que as coisas se intensificaram. Moisés sabia que estavam perto. Por isso, decidiu enviar doze espias para observar a terra. Era hora de enxergar o futuro que Deus havia prometido:

> Quando Moisés os enviou para observarem Canaã, disse: "Subam pelo Neguebe e prossigam até a região montanhosa. Vejam como é a terra e se o povo que vive lá é forte ou fraco, se são muitos ou poucos; se a terra em que habitam é boa ou ruim; se as cidades em que vivem são cidades sem muros ou fortificadas; se o solo é fértil ou pobre; se existe ali floresta ou não. Sejam corajosos! Tragam alguns frutos da terra"
> **Números 13.17-20.**

Os espias partiram e, durante 40 dias, percorreram a terra. Atravessaram o Neguebe, subiram pelos montes e chegaram até Hebrom, onde viram cidades fortificadas e povos poderosos habitando o território. A missão era examinar as riquezas do lugar, entender os possíveis desafios e trazer um relatório detalhado. Quando retornaram ao acampamento em Cades, no deserto de Parã, disseram a Moisés: "[...] Entramos na terra à qual você nos enviou, onde há leite e mel com fartura! Aqui estão alguns frutos dela" (Números 13.27). Contudo, no versículo 28, o tom do relatório muda: "Mas o povo que lá vive é poderoso, e as cidades são fortificadas e muito grandes. Também vimos descendentes de Enaque".

A terra existia; não era um mito ou uma ilusão. Os espias comprovaram que tudo o que o Senhor havia dito era verdade. Não havia dúvidas sobre a veracidade da promessa divina. Porém, no mesmo momento em que relataram a fertilidade de Canaã e apresentaram os frutos colhidos, jogaram um balde de água fria sobre a expectativa do povo. Sim, a terra era boa, mas havia gigantes. Havia fartura, mas também cidades fortificadas. Assim, a fé do povo começou a oscilar. O medo falou mais alto, e o cenário que deveria tê-los impulsionado à fé acabou despertando incertezas por se deixarem levar pelas circunstâncias.

Então, um homem chamado Calebe fez o povo se calar perante Moisés e disse: "[...] Subamos e tomemos posse da terra. É certo que venceremos!" (Números 13.30). Em outras palavras, Calebe parou a onda de dúvida que começava a se espalhar. Enquanto outros listavam obstáculos, ele enxergou a promessa, apesar dos pesares. Ele não perdeu tempo preso nos "e se" da situação. Não importava o preço ou a nação que estivesse lá. Se Deus havia prometido, já estava garantido.

No entanto, os homens que tinham ido com ele à Canaã disseram: "[...] Não podemos atacar aquele povo; é mais forte do que nós" (Números 13.31). O covarde é assim; como ele não tem coragem de acreditar, também não quer que ninguém acredite. Quem tem medo de vencer quer que todos à sua volta fiquem na mesma condição. Um fraco se sente mais confortável quando cercado de outros fracos, pois sua fraqueza não fica tão aparente. Calebe estava em minoria. Dos doze homens que Moisés havia enviado para espiar a terra, dez estavam convencidos de que não conseguiriam conquistá-la.

Imagine só. Você é um membro do povo de Israel. O acampamento inteiro aguarda ansiosamente uma notícia. Todos sabem que os espias enviados devem estar voltando. O burburinho cresce à medida que figuras distantes se tornam visíveis no horizonte. Conforme se aproximam, fica claro que não estão de mãos vazias. Carregam enormes cachos de uvas, romãs e figos, provas vivas de que a terra existe mesmo e é fértil.

> **"O COVARDE É ASSIM; COMO ELE NÃO TEM CORAGEM DE ACREDITAR, TAMBÉM NÃO QUER QUE NINGUÉM ACREDITE."**

Porém, você percebe que dez estão com um semblante pesado, preocupados. Trocam olhares incertos, franzem a testa, coçam a cabeça. E, então, começam a murmurar: "Para isso que viemos? Caminhamos tanto para nos depararmos com um território tomado por guerreiros imponentes? Não temos condições de enfrentar gente tão forte! Somos como gafanhotos diante deles! É loucura avançar!". No meio da inquietação, somente dois, Josué e Calebe, tentam acalmar a multidão: "Não tenham medo!", insistem. "O Senhor já nos deu a terra! Se Ele está conosco, quem poderá nos deter?". Pare e imagine: você ali, entre pessoas divididas entre o medo e a fé. Seja muito sincero, de que lado ficaria?

Lembre-se, você não teria visto a terra com seus próprios olhos. Não teria pisado naquele solo, conhecido seus habitantes ou explorado suas cidades. Tudo o que teria seriam os relatos daqueles que foram. Dez deles garantiam que avançar seria suicídio, enquanto dois diziam o contrário. Sejamos sinceros, a maioria de nós teria acreditado nos dez. Afinal, dez contra dois? É matemática. A tendência natural seria confiar na maioria. O problema é que a maioria não está sempre certa.

O livro de Números não é só uma coletânea de censos ou registros administrativos do povo de Israel. Seu título não é casual; ele reflete um propósito divino muito mais profundo. Sim, há a contagem do povo — tanto no início da jornada pelo deserto quanto antes da entrada na Terra Prometida —, mas a questão central não é matemática ou logística. O livro trata da organização da identidade espiritual israelita, a fim de revelar quem realmente pertencia a Deus e quem apenas compunha a multidão.

Os censos registrados serviram para estatísticas e estruturação militar das tribos, além de também serem um meio de identificação, um filtro espiritual. Cada nome registrado era alguém que carregava uma promessa, mas nem todos teriam a fé necessária para possuí-la. Ao longo da narrativa, vemos que muitos dos que foram contados no primeiro censo jamais entraram na

Terra Prometida. Além disso, Números é um livro de transição e teste. Israel estava deixando de ser um coletivo recém-liberto da escravidão para se tornar uma nação estruturada.

Números são importantes na vida. Quem, por exemplo, investe dinheiro acompanha os valores com atenção, monitora os rendimentos, analisa oscilações e projeta ganhos futuros. No entanto, a relação com números muda drasticamente se a situação se inverte e passamos a dever. Quando as contas estão no vermelho, evitamos olhar. O saldo negativo gera desconforto, e a tendência é fingir que o problema não existe. O sujeito endividado evita abrir o extrato, ignora notificações do banco e empurra a preocupação para depois. É um mecanismo de defesa, uma ilusão de que aquilo que não é visto não precisa ser enfrentado.

Quando você vai ao médico, qual é a primeira coisa que ele quer saber? Seus números. Sua altura, peso, nível de colesterol, glicose, triglicérides — todos esses dados revelam informações importantes sobre sua saúde. Antes de qualquer diagnóstico ou tratamento, é preciso saber onde você está. Sem essa informação, não há como identificar riscos e traçar um caminho de recuperação. E o mesmo princípio se aplica à vida espiritual.

Enquanto não souber seus próprios números, não estará pronto para aquilo que Deus preparou para você. Já mencionei essa questão anteriormente: se você não reconhecer onde está falhando, como poderá corrigir a rota? Se não admitir suas fraquezas, como permitirá que Deus o fortaleça? Números não mentem e, também, não desaparecem por você os ignorar. Pelo contrário, continuam lá, quer queira ou não. Deus não trabalha com ilusões. É por isso que Ele deseja que você pare de ignorar seus números e encare a verdade sobre sua condição. Somente assim será possível começar um processo de transformação.

Foi exatamente por isso que Moisés enviou os espias. Ele precisava de números. Quem habitava a terra? Quantos eram? Como viviam? Qual era a estrutura das cidades? O solo era fértil? Ele desejava um relatório preciso — e os espias voltaram com as informações, apesar de dez deles deixarem que as incertezas ditassem suas conclusões. Sempre será assim. Toda situação tem dois lados. Os mesmos fatos podem ser vistos sob óticas diferentes. Essa é uma realidade que não muda: quem decide crer no sobrenatural será testado — e será minoria. Sempre. Calebe e Josué estavam lá, mas suas vozes pareciam se perder no meio do barulho. Para a multidão, os dois eram os loucos. Você já passou por isso — uma situação em que discordar do senso comum fez com que o tratassem como alguém sem noção? Pois é, contrariar a maioria tem um preço.

"QUEM DECIDE CRER NO SOBRENATURAL SERÁ TESTADO — E SERÁ MINORIA."

Responda uma pergunta: Deus é rei ou presidente? Pense bem antes de responder. No Brasil, vivemos em uma democracia, na qual o governo é escolhido pelo povo. A cada quatro anos, os cidadãos votam para decidir quem ocupará o cargo. Se o governante não agrada, na eleição seguinte ele pode ser substituído. O poder está na massa. As decisões são tomadas com base em consenso, debates e opiniões populares. Você, por outro lado, não pode fazer da sua vida uma democracia.

Você não elege um presidente espiritual. Deus não está sujeito à aprovação popular, nem governa com base em pesquisas de opinião. Ele é Rei. E como o sistema monárquico funciona? Em um reino, não há eleição, plebiscito ou consulta pública. A autoridade do rei vem de sua própria soberania. Sua palavra é lei. O que ele ordena, acontece. Ninguém o questiona sem consequências. Um reino não se molda ao que a maioria pensa ou deseja; ele segue os decretos do seu monarca.

E aqui está o problema: dizemos que servimos ao Senhor, mas nossa relação com Ele não é monárquica, e sim democrática. Fomos treinados a viver pelo governo da Terra, não pelo do Céu. Contudo, o Reino de Deus não funciona assim. Quando o Rei decreta: "Essa terra é sua. Vá lá e conquiste-a!", a voz da multidão se levanta para dizer: "Não, é impossível". Afinal, a lógica humana se baseia no que se vê e sente. Muitos vivem como se o que Deus prometeu não fosse verdade. Deixam a coletividade definir o que é possível, e não estou falando de gente que nunca ouviu falar a respeito de Deus. Refiro-me a pessoas que frequentam a igreja. Porém, quando se deparam com a promessa e percebem que há gigantes no caminho, não creem.

Agora, sabe qual é o problema além da falta de fé? A falta de memória. Em Números 14.11, por exemplo, Deus confronta a incredulidade do povo: "[...] Até quando este povo me tratará com pouco caso? Até quando se recusará a crer em mim, apesar de todos os sinais que realizei entre eles?". O Senhor estava indignado. Afinal, Ele havia aberto o Mar Vermelho para atravessarem por terra seca. Tinha colocado uma coluna de fogo para aquecê-los à noite e uma nuvem para protegê-los do calor do deserto de dia. As roupas dos israelitas não se desgastavam e suas sandálias não se rompiam. Água saiu da rocha quando tiveram sede, e o maná caiu do céu todos os dias. Ou seja, testemunharam o sobrenatural, e ainda assim duvidavam.

No versículo seguinte, os israelitas começaram a se queixar contra Moisés e Arão. Toda a comunidade se levantou em murmuração: "[...] Quem dera tivéssemos morrido no Egito! Ou neste deserto!" (Números 14.2). Estavam tão consumidos pelo medo que preferiram desejar a morte a enfrentar o que tinham pela frente. Depois de anos, bastou um obstáculo para quererem voltar atrás. O Egito, de onde haviam sido libertos da escravidão, agora parecia um lugar mais seguro do que o futuro incerto.

E essa não foi apenas uma reação isolada. Eles não só duvidaram; fizeram questão de espalhar o desânimo. Se voltarmos para versículos 32 e 33, do capítulo 13, veremos que "[...] espalharam entre os israelitas um relatório negativo acerca daquela terra [...]". O medo virou narrativa. Os que não tinham fé convenceram outros a temer também. E o resultado? A maioria desistiu antes mesmo de tentar.

Se fosse nos dias de hoje, o WhatsApp estaria fervendo: "Aquilo que Deus disse não é bem assim", "Melhor aceitar a realidade", "Não tem vida nova nenhuma", "Esquece essa promessa". Os áudios e textos viriam cheios de pessimismo, e os grupos seriam tomados por gente espalhando baboseira. E ninguém calaria essas vozes. Pelo contrário, deixariam que contaminassem ainda mais pessoas. Parece familiar? A maioria não prega o Evangelho, muito menos aponta para Deus. Contudo, quando

"DEUS NÃO ESTÁ SUJEITO À APROVAÇÃO POPULAR, NEM GOVERNA COM BASE EM PESQUISAS DE OPINIÃO. ELE É REI."

se trata de espalhar uma notícia ruim, sempre há disposição. Sabem de cor a lista de quem se desviou, já a dos convertidos nem parece existir. Estão sempre informados sobre quem morreu, quem caiu, quem está na pior. "Fé não dá certo", dizem, com a certeza de quem nunca tentou. Porém, a verdade é outra. Deus continua agindo, só que poucos percebem.

Sabe por quê? Porque enxergam tudo a partir do próprio complexo de inferioridade. E acredite, todos temos um. Todos. No fundo, vivemos camuflando essa fraqueza, disfarçando a insegurança, tentando parecer mais fortes do que realmente somos. É mais fácil apontar os erros dos outros ou duvidar do que lidar com as próprias limitações e encarar o medo de não estar à altura, não? Por isso, muitos escolhem olhar para o que não deu certo.

Quer ver o complexo da maioria? Leia Números 13.33: "Vimos também os gigantes, os descendentes de Enaque, diante de quem parecíamos gafanhotos, a nós e a eles". Pareciam o quê? Um pouco menores? Não. Nem sequer anões; gafanhotos. Pequenos, insignificantes, desprezíveis. É assim que a maioria se enxerga. Gente mal-amada, ferida, cheia de complexos. Pessoas que não conseguem ver valor em si mesmas e, por isso, projetam essa visão distorcida no mundo à sua volta.

E o problema maior é que são essas vozes que falam mais alto e dominam as redes sociais. São elas que enchem os espaços com suas frustrações e dúvidas, espalhando incredulidade dentro das casas. Murmuram no metrô, no escritório, na escola, no grupo da família: "É bobagem servir a Deus", "Não perca tempo com isso", "A fé não muda nada". E a multidão, sem perceber, absorve tudo.

Você olha ao redor e vê um banco inteiro na igreja sem fé. Passa pelo vagão do metrô e ouve piadas sobre Deus. No trabalho, seu chefe debocha de quem ora. Na universidade, sua fé é motivo de risos. A sociedade inteira grita que não vale a pena confiar no Senhor. No fundo, a maioria das pessoas ainda carrega dentro de si o Egito. O passado. O peso de correntes que já foram quebradas. Elas ainda vivem presas ao que um dia foram, às marcas da escravidão, às vozes que disseram que não eram boas o bastante. E, por essa razão, hesitam.

Enfim, o povo de Israel se levantou em murmuração por conta do relatório dos dez espias. Apesar de Deus ter dito que era possível, eles se desesperaram. O povo não enxergava a vitória, só os obstáculos. As dificuldades pareceram maiores do que o Deus que os havia sustentado até ali. O medo havia distorcido tanto a realidade que eles chegaram a desejar voltar atrás. Que bom que alguém mandou todos calarem a boca, e, hoje, esse alguém pode ser você. Talvez você olhe ao redor e veja um mundo tomado pela incredulidade, por vozes que dizem que não vale a pena crer. Você é a minoria, um Calebe, e não foi chamado para recuar junto com a multidão. Todos podem gritar que não é possível tomar posse da promessa, mas quando um Calebe abre a boca, as coisas mudam.

A terra precisava ser possuída. Não era uma promessa recente, nem um plano improvisado. Muito antes de os israelitas chegarem ali, Deus já havia garantido Canaã como herança. Tudo começou com Abraão, quando o Senhor o chamou para sair de Ur dos Caldeus e seguir para um lugar desconhecido, mas que Ele mesmo mostraria (Gênesis 12.1). Ali, Deus declarou: "[...] À sua descendência darei esta terra [...]" (v.7).

É óbvio que a escolha do Senhor não foi arbitrária. Canaã era uma região de grande importância geográfica e econômica. Situada entre três continentes — África, Ásia e Europa —, ela era um corredor de comércio e influência cultural. Rotas comerciais importantes passavam por lá, e quem dominava a região controlava o fluxo de riquezas e o intercâmbio entre civilizações.

Além da localização estratégica, era uma terra fértil. Deus a descreveu como "terra que mana leite e mel" (cf. Êxodo 3.8; Levítico 20.24). Diferente do deserto árido, onde Israel peregrinou por 40 anos, havia rios, campos cultiváveis e colinas produtivas, capazes de sustentar uma grande nação. A presença do Rio Jordão cortando a região e a proximidade com o Mar Mediterrâneo garantiam recursos hídricos, necessários para a agricultura e criação de animais. Deus prometeu, portanto, a Abraão que sua descendência herdaria aquele território; promessa que foi reiterada a Isaque e Jacó (cf. Gênesis 26.3-4; Gênesis 28.13-15), confirmando que Canaã pertenceria à sua linhagem.

Calebe sabia disso e se recusou a desistir daquilo que Deus havia determinado. E nós? Quantos de nós teremos a coragem de calar a maioria e declarar com convicção: "Não largarei a corda! Não abrirei mão dos meus sonhos, da minha família e da minha promessa!"? Contudo, o que ouvimos por aí? "Deixa para lá. A vida é assim mesmo. São os tempos modernos. Não adianta lutar. Aceite. Adapte-se ao deserto. Cave um buraco e finja que está tudo bem". Fingir? Jamais!

O Altíssimo prometeu restauração para o lar, um casamento firmado na rocha, cura para as feridas, transformação para o que parece perdido e provisão em meio à escassez. Sei que existem gigantes, mas também sei que maior é o poder do meu Deus. Você precisa calar a voz da maioria e declarar com convicção: "Maior é o que está em nós do que o que está no mundo" (cf. 1João 4.4). Enquanto não acreditar nisso, você estará com a multidão.

Para dez espias, os gigantes eram enormes, a ponto de eles mesmos se verem como gafanhotos. Mas em Números 14.6, Calebe e outro homem reagiram de forma diferente. Veja só, nosso protagonista não estava tão sozinho assim. Entre toda aquela multidão de incrédulos, havia pelo menos um outro maluco: "Josué, filho de Num, e Calebe, filho de Jefoné, dentre os que haviam observado a terra, rasgaram as suas vestes". Apesar de serem a minoria, disseram: "[...] A terra que percorremos em missão de reconhecimento é excelente. Se o Senhor se agradar de nós, ele nos fará entrar nessa terra, onde há leite e mel com fartura, e a dará a nós" (Números 14.7-8). Perceba, *se o Senhor se agradar de nós*, e não *se as pessoas nos apoiarem*. Os dois não estavam preocupados com quem era contra; estavam focados no fato de que Deus já havia dito sim.

A maneira como você enxerga as coisas pode diminuir você. Se você se vê pequeno, fraco e incapaz, cedo ou tarde começará a agir dessa forma. Contudo, quando você aumenta o tamanho de Deus, seus problemas diminuem. Saiba de uma coisa, há uma torcida contra você. A maioria não acredita em seu sucesso e fé. Para muitos, o culto que você frequenta é uma perda de tempo. Servir na igreja? Bobagem. Orar? Apenas palavras jogadas ao vento.

Inclusive, existirão momentos em que ninguém o apoiará. Você entrará na igreja e perceberá que aqueles que começaram com você já não estão mais ali. Haverá dias em que o banco estará cheio de amigos, mas também haverá dias em que você olhará ao redor e se perguntará: "Cadê meus amigos?", e a resposta será o silêncio. Eles terão ido embora. E então? O que você fará? Seguirá a maioria ou continuará confiando na promessa?

Você precisará lembrar que quem comanda sua vida não é um sistema democrático, muito menos a opinião da maioria. Não é o governo dos homens, as tendências da sociedade ou a aceitação de terceiros. O que governa sua vida é um Rei, que está no trono e, um dia, declarou: "Você vencerá. Sua casa será liberta". Consegue entender que o Reino de Deus não é uma comunidade baseada em números?

> **"VOCÊ PRECISARÁ LEMBRAR QUE QUEM COMANDA SUA VIDA NÃO É UM SISTEMA DEMOCRÁTICO, MUITO MENOS A OPINIÃO DA MAIORIA."**

Na igreja, todos adoram juntos, ouvem a mesma palavra, cantam os mesmos louvores. E quanto ao dia a dia? No cotidiano, quando ninguém está olhando? Deus não se impressiona com multidões, Ele não mede fé por quantidade. Ele olha para corações que ousam dizer: "Sou a minoria. Enfrento rejeição. Vim para o culto, pastor, e tem gente que deixou de falar comigo porque sirvo a Deus. Tem gente que me ignora porque escolhi ser fiel". Saiba que Deus vê tudo. E Ele declara sobre você: "Eu estou vendo. Não importa se você é minoria, estou com você!". Você pode até ser ridicularizado, mas o Deus que prometeu está ao seu lado. Isso basta.

Se você quer ser popular, servir a Deus não é o caminho. Se busca aplausos e aprovação, também não é por aí. Servir a Deus implica caminhar na contramão do mundo, ser a voz da esperança quando todos já desistiram. Significa viver sob a monarquia do Céu, em que a fidelidade a Deus vale mais do que qualquer validação humana. Josué e Calebe sabiam disso. Agora, preste atenção no que disseram em Números 14.9: "Somente não sejam rebeldes contra o Senhor. E não tenham medo do povo da terra, porque nós os devoraremos como se fossem pão. A proteção deles se foi, mas o Senhor está conosco. Não tenham medo deles!".

Veja a ousadia dos dois. Enquanto o povo dizia: "Somos como gafanhotos. Estamos perdidos. O mundo não tem mais solução. Casamento não dá certo. A vida perdeu o sentido. É melhor nos conformarmos e afundarmos na bebida, porque nada mudará", eles ousaram dizer: "Calem-se! Se obedecermos ao Senhor e confiarmos Nele, não importa quantos gigantes, demônios ou adversidades se levantem! Vamos devorá-los como se come pão!".

Josué e Calebe não falavam com base em suposições. Contudo, a convicção dos dois não era fruto de mero otimismo ou autoconfiança; ambos criam porque Deus já havia declarado, muito antes, qual seria o destino do povo israelita. Em Êxodo 3.8, o Senhor havia dito: "Por isso desci para livrá-los das mãos dos egípcios e tirá-los daqui para uma terra boa e vasta, onde há leite e mel com fartura: a terra dos cananeus, dos hititas, dos amorreus, dos ferezeus, dos heveus e dos jebuseus". O Senhor não ocultou a realidade, nem disse que seria fácil. Pelo contrário, alertou que haveria nações poderosas habitando a terra.

Se avançarmos na linha do tempo, até o momento em que a nova geração de israelitas estava prestes a entrar na Terra Prometida, Moisés relembra as palavras do Senhor, exortando o povo a confiar:

> Ouça, ó Israel. Hoje você está atravessando o Jordão para entrar na terra e conquistar nações maiores e mais poderosas do que você, as quais têm cidades grandes, com muros que vão até o céu. O povo é forte e alto. São enaquins! Você já ouviu falar deles e até conhece o que se diz: "Quem é capaz de resistir aos enaquins?". Esteja, hoje, certo de que o Senhor, o seu Deus, ele mesmo, vai adiante de você como fogo consumidor. Ele os exterminará e os subjugará diante de você. E você os expulsará e os destruirá, como o Senhor lhe prometeu
>
> **Deuteronômio 9.1-3.**

Naquele momento, Deus reafirmava o que já havia dito desde o início. Sim, os desafios eram reais, os inimigos, fortes e as cidades, grandes e imponentes. No entanto, a vitória não dependia da força de Israel. Era o próprio Senhor quem iria à frente como fogo consumidor, destruindo os inimigos e garantindo a conquista. A presença de gigantes na terra não era um sinal de derrota, apenas a confirmação de que Deus cumpriria sua palavra ao pé da letra.

Entenda uma coisa, tudo o que você está vivendo hoje — cada luta, batalha e obstáculo — não é uma surpresa para Deus. Ele conhece o início, o meio e o fim da sua história. Nada foge ao Seu controle. Afinal, Ele havia escrito tudo antes mesmo de seu primeiro suspiro: "Os teus olhos viram o meu embrião; todos os dias determinados para mim foram escritos no teu livro antes de qualquer deles existir" (Salmos 139.16). Ou seja, sua trajetória não é aleatória nem fruto da sorte.

"SE VOCÊ QUER SER POPULAR, SERVIR A DEUS NÃO É O CAMINHO."

Talvez você esteja aí, confuso, sentindo que sua vida saiu do controle. Pare e pense, quem disse que saiu? Só escapou do seu controle, não do de Deus. Ele não foi pego de surpresa pelo desemprego, pelo diagnóstico ou pela crise no casamento. Nada do que acontece com você é novidade para Ele. Antes mesmo que essas situações surgissem, Deus já sabia. E, mais do que isso, Ele já tinha a solução. Se todos os seus dias foram escritos antes de sua existência, então sua vitória também foi.

Então, cale a boca da maioria e, como Calebe, declare com fé: "Subirei e conquistarei o que Deus tem para mim!". Não permita que o medo dos gigantes que se levantam o impeça de avançar. Os desafios em seu relacionamento, sua vida emocional ou financeira podem parecer difíceis, mas não são maiores do que o Deus que o sustenta. Não se conforme com o que os outros dizem, pois a opinião humana não define seu destino. O mesmo Deus que o formou no ventre da sua mãe (cf. Salmos 139.13) é quem lhe dá força para lidar com todas essas situações.

Você não é como a maioria e não nasceu para se conformar com migalhas. O mundo pode dizer que é normal viver anos decepcionado, depender de remédios ou se afundar na depressão esperando que um dia passe. Contudo, não é. Deus não o chamou para sobreviver; pelo contrário, foi para viver em abundância. Portanto, levante-se, pois a promessa permanece maior do que qualquer gigante, obstáculo ou multidão.

capítulo 5

O PERIGO DA IMPACIÊNCIA

Vivemos em uma era de ritmo acelerado. A tecnologia encurtou distâncias e redefiniu nossa percepção de tempo e urgência. Informações circulam em segundos, e o que antes exigia anos de aprendizado, hoje precisa ser conquistado quase de imediato. Sucesso profissional, reconhecimento social, estabilidade financeira — tudo se tornou uma corrida desenfreada contra o tempo. Não há espaço para processos, tentativas e erros, apenas resultados. É nesse contexto que se desenha o dilema entre agir impulsivamente para atender às exigências desse mundo veloz ou respeitar o tempo das coisas.

Em certos momentos, a urgência nos ajuda a tomar decisões rápidas e assertivas, mas existem situações em que o desejo pelo agora se torna uma âncora que nos mantém longe do que realmente deveríamos viver. Desde cedo, somos condicionados a correr. A infância é apressada, a juventude é abarrotada de expectativas e a vida adulta se resume a uma sequência de metas. O caminho parece já traçado: estudar, conquistar um diploma, garantir um bom emprego, casar e assegurar um bom futuro.

Tudo precisa acontecer dentro de prazos cada vez mais curtos, como se houvesse uma linha de chegada que não pode ser ultrapassada fora do tempo estipulado. Nesse cenário, a ideia de permitir que as coisas aconteçam no tempo certo soa, para muitos, como ineficiência ou falta de ambição. Mas será que estamos prontos para tudo o que tanto desejamos? Uma pergunta importante de ser respondida. Contudo, antes de qualquer coisa, permita-me chamar sua atenção para uma história:

> [...] Um homem tinha dois filhos. O mais novo disse ao seu pai: "Pai, quero a minha parte da herança". Assim, ele repartiu sua propriedade entre eles. Não muito tempo depois, o filho mais novo reuniu tudo o que tinha e foi para uma região distante; e lá desperdiçou os seus bens vivendo irresponsavelmente. Depois de ter gasto tudo, houve uma grande fome em toda aquela região, e ele começou a passar necessidade. Por isso foi empregar-se com um dos cidadãos daquela região, que o mandou para o seu campo a fim de cuidar de porcos. Ele desejava encher o estômago com as vagens de alfarrobeira que os porcos comiam, mas ninguém lhe dava nada. Caindo em si, ele disse: "Quantos empregados de meu pai têm comida de sobra, e eu aqui, morrendo de fome! Eu me porei a caminho e voltarei para meu pai e lhe direi: 'Pai, pequei contra o céu e contra ti. Não sou mais digno de ser chamado teu filho; trata-me como um dos teus empregados'". A seguir, levantou-se e foi para seu pai. Estando ainda longe, seu pai o viu e, cheio de compaixão, correu para seu filho, e o abraçou e beijou
>
> **Lucas 15.11-20.**

Histórias são uma das formas mais poderosas de comunicação. Elas transcendem qualquer barreira — social ou cultural— e alcançam tanto os mais eruditos quanto os mais simples. Narrativas bem construídas têm o poder de ensinar, emocionar e até transformar vidas. Jesus, sendo o Mestre dos mestres, sabia muito bem como utilizar tal recurso para comunicar verdades espirituais. Suas parábolas eram ilustrações didáticas e janelas para a compreensão do Reino de Deus. E entre tantos capítulos nos evangelhos, Lucas 15, em minha opinião, é um dos mais marcantes nesse sentido.

Com certeza, você já o leu em casa ou ouviu sermões a respeito. Eu mesmo já preguei inúmeras vezes sobre esse trecho das Escrituras. Jesus contou três parábolas: a da ovelha perdida, a da dracma perdida — que já abordamos anteriormente — e a do filho pródigo. Embora todas tratem de perdas, existem diferenças entre as narrativas. Cada uma representa uma forma distinta de perda e a maneira como o Senhor busca restaurar aquilo que se afastou.

A primeira diferença está na dracma perdida. Por ser um objeto inanimado, a moeda não possui vida própria, consciência ou qualquer percepção de sua situação. Sua recuperação depende inteiramente da ação externa de quem a perdeu. A mulher precisa acender uma candeia, varrer a casa e procurar até encontrá-la.

No caso da ovelha perdida, o cenário é outro. O animal sabe que está perdido e sente o medo e o perigo ao se perceber isolado do rebanho. Diferente da moeda, a ovelha experimenta a angústia da solidão e o risco iminente das ameaças externas. Contudo, por mais que tenha consciência de seu estado, não consegue encontrar o caminho de volta sozinha. Sua sobrevivência depende da iniciativa do pastor, que, ao notar sua ausência, deixa as outras 99 ovelhas em segurança para buscá-la.

Agora, a parábola do filho pródigo ilustra uma outra forma de perda. O filho mais novo decidiu, por vontade própria, abandonar a casa do pai. Ele não foi vítima de circunstâncias, nem se desviou por descuido — ele quis partir. Com sua parte da herança, acreditou que poderia construir uma vida independente. Porém, sem sabedoria para administrar seus recursos, desperdiçou tudo o que tinha. Sem alternativas, aceita um trabalho degradante para um judeu da época: cuidar de porcos, animais impuros segundo a lei mosaica. A fome e a miséria o fazem refletir sobre sua situação, e, nesse momento de necessidade, ele reconhece seu erro e decide voltar para casa.

O pai tinha todos os motivos para estar ressentido e reagir com raiva ou indiferença. Seu filho o havia desonrado, pedido sua parte na herança como se desejasse sua morte e desperdiçado tudo em uma vida irresponsável. Qualquer pai, em seu lugar, poderia ter fechado o coração e imposto uma punição severa ao filho arrependido. Poderia ter exigido explicações, feito o jovem sofrer as consequências de seus atos ou ignorado seu retorno. Mas, em vez disso, ele foi tomado por compaixão e amor.

Talvez essa seja a parábola mais conhecida de Jesus, uma história que já foi bastante retratada em peças teatrais e sermões. Para muitos, é uma ferramenta poderosa de evangelismo, usada para ilustrar o amor incondicional do Senhor e o Seu desejo de restaurar aqueles que se afastaram. No entanto, gostaria de propor uma leitura diferente, uma abordagem que vá além da perspectiva tradicional. Gostaria de analisá-la de um jeito novo, sem os filtros habituais ou as pressuposições teológicas engessadas.

A grande questão é que o filho mais novo deseja a antecipação da herança. No contexto cultural da época, esse pedido era uma afronta. Era como se ele dissesse para o pai que ele já não servia para nada além de um provedor de bens materiais, e que sua presença e autoridade não tinham mais valor. Ele queria os benefícios da casa do pai sem o compromisso de permanecer nela. Todos conhecemos a história. Porém, ao analisarmos com mais profundidade, percebemos que esse jovem nos ensina uma lição sobre o perigo da impaciência. Ele representa quem não quer esperar o tempo certo das coisas, que se apressa em viver algo para o qual ainda não está preparado. Uma realidade não tão distante de nós. Quantas vezes queremos conquistar algo que, na verdade, ainda não nos cabe? E, quando isso acontece, o resultado é vergonha e humilhação.

Não significa que nunca chegaremos lá ou que não temos potencial. O problema não está na promessa nem na capacidade, mas no tempo. Às vezes, não estamos prontos e, mesmo que estejamos, precisamos nos lembrar de que não vivemos sozinhos. Existem outras pessoas à nossa volta — uma mãe, um pai, um cônjuge, um filho. Nossa preparação não pode ser medida apenas por nossa disposição de seguir em frente, mas também pelo impacto que essa decisão terá sobre aqueles que nos cercam. Talvez você já esteja preparado, mas aqueles que caminham ao seu lado ainda não. Portanto, se avançarmos sem considerar isso, corremos o risco de comprometer nosso próprio futuro e o daqueles que amamos.

Precisamos ser sensatos e compreender que a vida não se reduz a uma lógica em que só recebemos. O desejo de alcançar algo, por si só, não é suficiente para garanti-lo. Vivemos em uma realidade na qual maturidade e discernimento são fundamentais. Nem sempre, quando o Senhor nos dá um vislumbre do nosso futuro, isso significa que o cumprimento será imediato. Às vezes, Ele nos revela o destino, mas ainda há um processo necessário para nos preparar para aquilo que está por vir.

Entenda que, se Deus disse que fará algo, Ele fará. Sua única responsabilidade é confiar e esperar. O problema é que, embora acreditemos nas promessas divinas, acabamos fazendo bobagem por tomarmos decisões precipitadas. É preciso maturidade para esperar o cumprimento. A impaciência tem o poder de nos afastar do centro da vontade do Senhor. Em nossa pressa, confundimos movimento com progresso e, sem perceber, sofremos tropeços desnecessários. O tempo de Deus é perfeito, não porque acelera as coisas. Crer nessa verdade é, sem dúvida, um dos maiores desafios da fé.

Talvez seja por isso que Isaías escreveu: "Mas aqueles que esperam no Senhor renovam as suas forças [...]" (Isaías 40.31). Esperar é um ato de fé. Há uma palavra e promessa; portanto, espero. Contudo, essa espera não é passiva. Não significa cruzar os braços, ser negligente ou viver acomodado, aguardando que Deus resolva tudo sem que eu faça minha parte. "Esperar no Senhor" não é sinônimo de inércia. Pelo contrário, implica seguir de cabeça erguida, crendo e fazendo o que precisa ser feito, sem pressa.

O filho pródigo cometeu um erro ao querer a bênção antes da hora certa. Por muito tempo, enxerguei-o como alguém avarento, um rapaz ambicioso que desejava riqueza e status. Então, percebi que não era exatamente isso. Ele já era herdeiro e tinha acesso a tudo o que precisava. O que o motivou não foi uma carência material e, sim, um desejo por autonomia e controle. No fundo, ele queria tomar as rédeas da própria vida e não depender mais do pai. Quem nunca? Qualquer semelhança, não é mera coincidência. Se dependesse de nós, receberíamos todas as bênçãos de uma vez só. Ainda bem que Deus pensa diferente e as concede aos poucos, em respeito ao nosso processo.

Às vezes, nós nos sentimos frustrados porque queremos tudo para ontem, mas, com o tempo, tudo vai se encaixando. Olhamos para trás e percebemos que, mesmo quando nada parecia fazer sentido, estávamos exatamente onde deveríamos estar — no lugar certo, cercados pelas pessoas certas, vivendo o momento certo. Pessoas podem discordar, mas a verdade é que Deus sabe exatamente quando liberar favor sobre a sua vida. Ele não se adianta nem se atrasa. E sei que essa realidade pode tirar alguns do "mundo de Bobby"[1] e trazê-las para a realidade.

Permita que Deus esteja à frente dos seus negócios, da sua família etc. "Ah, pastor, então quer dizer que devo cruzar os braços?". Não. É uma questão de reconhecimento. Apesar de todo esforço e dedicação, o controle final não está em suas mãos, mas nas de Deus. Portanto, pare de tentar assumir o controle. Não fique colocando Deus contra a parede, como se

[1] *O Fantástico Mundo de Bobby* (no original, *Bobby's World*) foi uma série animada norte-americana criada por Howie Mandel, que também dublava o personagem principal e seu pai. A série foi exibida originalmente entre 1990 e 1998 pelo canal Fox, como parte do bloco infantil *Fox Kids*. O desenho gira em torno de Bobby Generic, um garoto de quatro anos com uma imaginação extremamente fértil, que transforma situações cotidianas em aventuras fantasiosas. A série tornou-se sinônimo de uma visão infantil, lúdica e desconectada das dificuldades do mundo real, sendo usada popularmente como metáfora para alguém que vive alheio à realidade.

isso fosse possível, — "Deus, se o Senhor não fizer até o final da semana, eu mesmo resolverei o problema", "Se o Senhor não agir, tomarei essa decisão". Não force situações. Você não sabe o que está sendo movido nos bastidores espirituais, muito menos o que pode estar caminhando contra você.

Você pode estar se perguntando agora: "Como paro de querer controlar minha vida?". A resposta é simples: pare de ser impaciente. Entenda que o Pai está movendo coisas que você sequer imagina. Ainda que seus olhos não enxerguem, Ele está agindo — removendo barreiras, alinhando situações, conectando você com as pessoas certas e abrindo portas que você nem sabia que existiam. Porém, assim como o filho pródigo, insistimos em querer tudo na hora. Tentamos assumir o controle, antecipar o tempo e resolver na força do braço.

Quando fazemos isso, inevitavelmente, nos frustramos. Falo com propriedade, pois vivi isso na pele. Houve uma época em que estava convencido de que havia encontrado o terreno ideal para a nossa igreja. Tudo parecia perfeito. Sem pensar muito, anunciei a novidade com alegria. Compartilhei com a liderança, levei o povo até o local para ungirmos o terreno. Era como se já enxergasse as paredes levantadas. Tinha certeza de que era a vontade de Deus. Contudo, era apenas o meu desejo, disfarçado de convicção espiritual.

"PARE DE SER IMPACIENTE. ENTENDA QUE O PAI ESTÁ MOVENDO COISAS QUE VOCÊ SEQUER IMAGINA."

O dono do terreno era um senhor viúvo, aberto à venda. Tudo estava indo bem, até que uma de suas filhas, a que precisava assinar a papelada, simplesmente travou o processo. Disse que não venderia, e ponto final. Insisti, ofereci mais dinheiro, tentei de tudo. O coração dela estava fechado. Aquilo foi um baque. Senti vergonha, frustração e até uma certa confusão espiritual. Parecia que tinha exposto a igreja, sonhado alto demais e me precipitado. Foi uma batalha interna intensa. Hoje entendo que não era ela que estava dizendo não. Era Deus.

Ele estava me impedindo de seguir por um caminho que era bom demais para ser o certo. Era como se estivesse dizendo: "Esse não é o terreno. Não é o tempo. Confie em mim". Só quando parei de insistir é que as peças começaram a se encaixar. O lugar onde estamos hoje — o espaço da Lírio, os frutos que temos colhido, as portas que se abriram — só se tornaram realidade porque Deus fechou a porta lá atrás. O Céu me frustrou para me alinhar. Por isso, se posso dar um conselho a você com base no que vivi, não se desespere quando seus planos desmoronarem. Às vezes, o não que mais machuca é o que salva. O tempo de Deus nunca chega cedo demais nem tarde demais — ele é perfeito.

Enfim, após receber sua parte da herança, o filho mais novo sentiu-se autossuficiente. O problema é que ele nunca havia derramado uma gota de suor por aquela fortuna. Mesmo assim, agia como se fosse o dono legítimo, como se sua riqueza fosse fruto do próprio mérito. Quantas vezes caímos no mesmo erro? Também não derramamos uma gota de sangue para estar onde estamos e, vez após vez, achamos que podemos conduzir nossa vida como bem entendemos, ignorando o fato de que tudo o que temos é graça.

Quantas gotas de sangue você derramou pela sua vida? Quantas você verteu para impedir que o inimigo o destruísse? Apresente-me um deputado federal que possa livrá-lo do pecado. Um juiz, de qualquer comarca, que possa absolvê-lo da culpa que carrega na alma. Indique-me uma universidade que ofereça um curso capaz de treinar alguém para abandonar o passado e viver em esperança. Ou uma empresa que possa aliviar o peso da sua consciência. Somente Jesus pode fazer isso.

Então, pelo amor de Deus, desça do pedestal. Não é porque seu saldo bancário subiu um pouco que você se tornou um semideus. Entenda uma coisa: a bênção está na dependência. Não é na fraqueza que o caráter é testado, mas quando tudo está bem. É nesse momento que muitos batem no peito e dizem: "Não preciso mais ir à igreja ou servir a Deus. Posso me virar sozinho. Tenho contatos, experiência e um jeito próprio de me relacionar com o Senhor. Não preciso me encaixar no sistema religioso".

Quando não tinham nada, imploravam por mais cultos, buscavam a Deus, clamavam por oportunidades e se agarravam à fé com todas as forças. Mas agora que conquistaram alguma coisa, tudo mudou. De repente, nada mais é bom o suficiente, ninguém mais presta, e a igreja, que antes era um refúgio, virou alvo de críticas. O coração que antes dependia do Pai se inclina para a autossuficiência.

Não se torne um bêbado de sucesso. Não se intoxique com suas próprias conquistas, nem deixe que o êxito distorça sua visão da realidade. O dinheiro que hoje está em seu bolso, as oportunidades que surgiram, as portas que se abriram — nada disso foi apenas fruto do seu esforço. Se você tem algo hoje, por mais que sua mente tente convencê-lo de que foi resultado do seu trabalho, não se engane: sem Deus, você já teria caído há muito tempo. Se não fosse a graça de Jesus, nem estaríamos aqui.

> **"NÃO É NA FRAQUEZA QUE O CARÁTER É TESTADO, MAS QUANDO TUDO ESTÁ BEM."**

Já parou para se perguntar por que realmente deseja certas coisas? O que está por trás da sua vontade? Será que você só quer estar "por cima da carne seca" para impressionar os outros ou provar algo a alguém? Se esse for o motivo, que motivação ridícula. Como você pretende suportar o dia mau se o que o motiva a vencer na vida é algo tão fútil? É como quem termina um relacionamento e, só para mostrar ao ex o que ele perdeu, começa uma rotina intensa de academia, muda o cabelo, faz tatuagens, renova o guarda-roupa. Não estou criticando o cuidado com o corpo, mas se a intenção for provar algo para a outra pessoa, é perda de tempo. Se for para mudar, mude por você — e pelo Senhor. Ele, sim, nunca o abandona.

Deus não dá nada sem finalidade. Ele não desperdiça bênçãos com quem ainda não entende para que elas servem. Enquanto sua vida não estiver alinhada com o objetivo certo, você continuará tropeçando. O filho pródigo tinha dinheiro, mas não propósito. E quando alguém possui recursos, sem um propósito bem estabelecido, torna-se um alvo fácil para a destruição.

O inimigo sabe disso e envia pessoas que parecem oportunidades, mas estão ali para desviar, consumir e drenar tudo o que foi conquistado. Preste atenção: as mesmas pessoas que podem abençoá-lo também podem destruí-lo.

A Palavra nos conta que, enquanto o filho pródigo tinha dinheiro, não lhe faltava companhia — gente por perto e bajulação por todos os lados. Porém, quando o dinheiro acabou, as mesmas pessoas desapareceram. Ele havia feito alianças com gente que não tinha nada a ver com ele. É o mesmo erro de quem cresce na igreja, mas decide, por exemplo, namorar alguém em jugo desigual. Se você veio do mundo e, ao se converter, já estava em um relacionamento, Deus pode agir. Agora, se já conhece a verdade e mesmo assim escolhe viver em jugo desigual, está assumindo um risco enorme — "Não se ponham em jugo desigual com descrentes. Pois o que têm em comum a justiça e a maldade? Ou que comunhão pode ter a luz com as trevas?" (2Coríntios 6.14).

Abrirá uma empresa? Sociedade já é algo complicado, pois envolve interesses, valores e decisões compartilhadas. Imagine se aliar a alguém que não serve ao mesmo Deus que você. É pedir para andar na corda bamba, sem rede de proteção. Muitos hoje estão ligados a pessoas que foram enviadas pelo inimigo, apenas para enfraquecê-los e devorar a herança do Senhor. O resultado? Um esgotamento não financeiro — porque o dinheiro, no fim das contas, é o menor dos problemas —, mas espiritual.

Cada dia que passa, ficam mais pobres na fé, distantes de Deus e com uma visão mais obscurecida sobre o Reino. Chegaram à igreja sem ser ninguém e descobriram que eram filhos de

Deus, lavados pelo sangue do Cordeiro. De repente, compreenderam que suas vidas não se limitam a este mundo temporário, e que, um dia, andarão em ruas de ouro, onde não haverá mais dor, apenas a herança eterna dada pelo Pai celestial.

Porém, estão impacientes. Querem viver tudo agora — ficar ricos, casar e comprar uma casa. Desejam ser líderes sem servir e crescer sem criar raízes. E Deus pergunta: "Você quer, mas há propósito por trás?". A resposta, muitas vezes, é não. Só há desejo. Então, o Senhor permite. O Pai não nega o direito do filho, pois o amor não aprisiona, mas concede liberdade. Deus não trouxe você para a escravidão. Se você insiste, Ele deixa você ir. Mas entenda que se decidir comer manga verde, não reclame da dor de barriga depois; "[...] o que o homem semear isso também colherá" (Gálatas 6.7).

Caia na realidade. Você não está aqui a passeio e, sim, em guerra. Hoje mesmo, o diabo tentou atingi-lo, mas não conseguiu porque o Altíssimo o livrou. Ainda assim, você deseja segurar o volante da sua vida? Você não pode assumir esse controle porque seu discernimento é insuficiente, e se não estiver firmado, será mais uma vítima, um talento desperdiçado, uma promessa que se perdeu no meio do caminho. Já viu aquelas pessoas que eram bênçãos e tinham tudo para dar certo, mas agora, quando as encontra, só consegue sentir pena? Eram filhos amados, mas a impaciência e a ilusão arruinaram sua trajetória.

O filho pródigo possuía uma herança e estava vivendo entre os porcos. E se essa cena já seria humilhante para qualquer pessoa, imagine para um judeu. Estar em um chiqueiro é duplamente pior. Afinal, o porco é um animal impuro. Para a cultura judaica, o animal é proibido para consumo, além de representar maldição e imundície. Ou seja, lá estava um filho abençoado, cercado pelo que havia de mais impuro. As mãos que um dia tocaram no que era do pai — no ouro, nos recursos, na abundância — estavam sujas de lama. Tudo isso porque a impaciência falou mais alto do que o bom senso.

Sabe o que amo nessa parábola? A graça de Deus encontrou o rapaz no chiqueiro. Mas por que ela foi até lá? Porque chega um momento em que precisamos acordar e parar de ser tolos. O texto diz que "caindo em si, ele disse: 'Quantos empregados de meu pai têm comida de sobra, e eu aqui, morrendo de fome!'" (Lucas 15.17). Não havia ninguém para aconselhá-lo, nenhum amigo disposto a dar um puxão de orelha ou um aviso que o fizesse reconsiderar suas decisões. Apenas ele e os porcos. Foi ali, no fundo do poço, que sua ficha caiu. Ele percebeu que, apesar de ter tentado seguir seu próprio caminho, até o pior lugar na casa do pai ainda era melhor. Então, ele tomou uma decisão: "Eu me porei a caminho e voltarei para meu pai [...]" (Lucas 15.18).

"O PAI NÃO NEGA O DIREITO DO FILHO, POIS O AMOR NÃO APRISIONA, MAS CONCEDE LIBERDADE."

Nunca se esqueça: independentemente da circunstância, a graça do Senhor está com você. Ela não depende do que você fez ou deixou de fazer, nem se baseia em seus erros ou acertos. Diante disso, o que você dirá a si mesmo? Continuará se punindo pelos tropeços do passado ou aceitará a verdade de que ainda há um caminho a seguir? Você precisa olhar para dentro de si e reconhecer que ainda há esperança. O Espírito Santo continua chamando você de volta. Diga a si mesmo que é tempo de recomeçar, retornar à presença do Pai e reassumir sua identidade de filho. Sim, você fez escolhas erradas, desperdiçou oportunidades, gastou recursos e perdeu tempo que não pode recuperar. No entanto, você não precisa ficar preso ao lugar onde caiu, porque sua filiação não foi revogada.

Não importa se você desperdiçou tudo o que tinha e seguiu caminhos que o afastaram da vontade de Deus. A misericórdia Dele não tem limites, e o amor que Ele sente por você continua o mesmo. O Senhor o deseja de volta, não por obrigação, mas porque é seu Pai e nunca desistiu de você. Essa verdade muda tudo. Como já mencionei antes, é natural do ser humano esperar que alguém estenda a mão e o tire do buraco em que caiu. Tendemos a procurar ajuda imediata, uma solução externa. Porém, Deus colocou em nós um espírito capaz de nos fortalecer e conduzir de volta para casa. O que Ele plantou dentro de nós é poderoso o suficiente para nos tirar de uma vida ilusória. Afinal, fé não é fantasia — é decisão.

Alguns acreditam que a fé não passa de uma invenção para aqueles que precisam se apegar a algo. Mas essa visão está equivocada. A fé não é um pensamento vazio, nem um mero desejo; ela é concreta, ainda que invisível. Não a vejo, não a toco, não sinto seu cheiro, mas ela é o firme fundamento das coisas que esperamos e a prova daquilo que ainda não vemos.

Foi essa mesma fé que moveu o coração daquele jovem. No momento em que o filho decidiu voltar para a casa do pai, seus pés começaram a seguir suas palavras. Pela fé, a boca fala, e as pernas obedecem.

Não seja "[...] semelhante à onda do mar, levada e agitada pelo vento" (Tiago 1.6). Pelo contrário, declare: "Ninguém roubará minha fé. Ainda que mil caiam ao meu lado e dez mil à minha direita, permanecerei de pé! Minha casa será inundada pela glória de Deus. O ambiente à minha volta será transformado pela presença do Senhor. Voltarei a dormir em paz, porque minha mente e coração estarão guardados Nele. Minha empresa prosperará, pois Deus é o meu provedor e quem sustenta tudo em minha vida. Viverei milagres, porque minhas palavras moverão minhas pernas e meu destino será definido pela minha fé".

O que está escrito em Provérbios 18.21? "A língua tem poder sobre a vida e sobre a morte; os que gostam de usá-la comerão do seu fruto". Ou seja, suas palavras não são neutras. Agora, imagine a cena: todos reunidos na sala, assistindo televisão. De repente, você passa pelo corredor, dizendo bem alto: "Meu lar pertence a Jesus!". Suas palavras não seriam em vão. Afinal, tudo o que dizemos é como uma semente, capaz de gerar frutos. Não subestime o que sai da sua boca.

É possível que, no caminho de volta, aquele jovem tenha sido reconhecido, sujo e malcheiroso, pelos mesmos amigos que o incentivaram a desperdiçar tudo. Talvez tenha até sido alvo de olhares de julgamento, zombaria ou indiferença. Apesar dos pesares, ele tinha uma convicção: "Voltarei para casa". E a cada passo, a distância diminuía. Não havia mais espaço para ilusões ou fantasias tolas. E, hoje, não há desculpas para você. Se tem desperdiçado tempo com coisas sem valor e deixado a herança do Pai escorrer por entre seus dedos, chega.

Até quando você demorará para entender? Até não sobrar mais nada? Uma águia que vive com galinhas acaba ciscando o chão em vez de voar. Do mesmo modo, um ser humano que se acostuma com a companhia de porcos termina coberto de lama, vivendo muito abaixo do que foi criado para ser. O filho pródigo é o retrato dessa realidade. Ele partiu de casa como um jovem impetuoso, arrogante, cheio de si. Esbanjou tudo o que tinha — ou melhor, o que havia recebido sem esforço — sem considerar as consequências. Após tudo o que aconteceu, ele já não era mais o mesmo. O jovem insensato que saíra confiando apenas em si próprio voltou como alguém disposto até a ser um servo na cozinha de seu pai.

Quando o pai o viu, ele não parecia um filho. Sua aparência era de um vagabundo, um mendigo. Estava sujo, com o cabelo desgrenhado e as unhas imundas. O odor que exalava era insuportável — uma mistura de suor, sujeira e a lembrança fétida do chiqueiro onde havia vivido. Para qualquer outra pessoa, ele seria apenas um indigente, alguém que merecia ser evitado. Mas para o pai, nada disso importava. O que ele via não era um mendigo, mas um filho que voltava para casa.

Na tradição judaica, a cultura ensinava que era o filho quem deveria correr em direção ao pai — nunca o contrário. Um pai jamais deveria se rebaixar a esse ponto. Um homem de posição, um chefe de família, jamais deveria expor-se de tal forma, ainda mais diante da comunidade. Era considerado um desrespeito à autoridade paterna. O correto seria que o filho se arrastasse até ele, se prostrasse em arrependimento e implorasse por perdão. Mas, na parábola, o pai não espera.

Ele vê o filho de longe. Reconhece sua silhueta cambaleante. Não se detém na mágoa do passado nem exige explicações antes de agir. Em vez de permanecer imóvel, aguardando um pedido formal de desculpas, ele se levanta, sai da casa e corre ao encontro do jovem. Naquele momento, não importavam as regras humanas, as normas sociais ou as expectativas alheias. O pai sabia que seu filho precisava de algo muito maior do que um julgamento ou uma penitência. Ele precisava de acolhimento. Uma quebra absoluta do protocolo cultural. O amor se sobrepôs à tradição. A compaixão venceu a rigidez da lei.

É exatamente isso que Deus faz. Seu amor não está preso a rituais ou convenções humanas. Se for preciso romper paradigmas ou contrariar regras estabelecidas para restaurar alguém, Ele o faz sem hesitação. Diferente do que muitos imaginam, o Senhor não está de braços cruzados, esperando um pedido de desculpas formal para decidir se concederá ou não perdão. Pelo contrário, assim como o pai mandou preparar um banquete para seu filho perdido, Deus deseja preparar uma festa para você. Para Ele, você não é um caso perdido ou um erro irreversível, muito menos uma decepção. Você é filho. E filhos não são tratados como servos rejeitados, mas como herdeiros amados.

Agora, sabe qual é a boa notícia? Não é preciso passar por tudo que o filho mais novo passou para aprender que impaciência é uma ilusão que nos faz acreditar que precisamos das coisas no nosso tempo e do nosso jeito. Lembre-se: nada que vem antes da hora dura, e tudo o que é construído sem uma base sólida desmorona ao menor abalo. Portanto, não seja impaciente. Ele não está atrasado em relação à sua vida, não se esqueceu de suas orações e não fechou os olhos para seus sonhos. Aquilo que é seu já tem um momento certo para acontecer. A espera nunca é em vão quando se está nas mãos de Deus. E quando finalmente a hora chegar, você olhará para trás e entenderá que esperar nunca foi uma perda de tempo.

"DEUS DESEJA PREPARAR UMA FESTA PARA VOCÊ. PARA ELE, VOCÊ NÃO É UM CASO PERDIDO OU UM ERRO IRREVERSÍVEL, MUITO MENOS UMA DECEPÇÃO. VOCÊ É FILHO."

Conclusão

AGORA É COM VOCÊ

“Não se surpreenda pelo fato de eu ter dito: ‘É necessário que vocês nasçam de novo’. O vento sopra onde quer. Você o escuta, mas não pode dizer de onde vem nem para onde vai. Assim acontece com todos os nascidos do Espírito”. Perguntou Nicodemos: “Como pode ser isso?”. Disse Jesus: “Você é mestre em Israel e não entende essas coisas? Asseguro que nós falamos do que conhecemos e testemunhamos do que vimos, mas mesmo assim vocês não aceitam o nosso testemunho. Eu falei de coisas terrenas e vocês não creram; como crerão se falar de coisas celestiais?”

João 3.7-12.

Pois é, um mestre, versado em tudo, com selo de aprovação religiosa — e tropeça no básico. Irônico, não? Nicodemos tinha uma vida cuidadosamente construída. Era respeitado, admirado, consultado por muitos. Fariseu zeloso, membro do concílio mais importante do seu povo. Tinha respostas na ponta da língua, argumentos bem-fundamentados, uma reputação irrepreensível. Aos olhos da sociedade, estava entre os mais próximos de Deus. Porém, ele sabia a verdade — ou, pelo menos, começava a suspeitar dela.

Algo o inquietava. A rotina religiosa parecia estar no piloto automático, e os textos sagrados já tinham virado quase poesia abstrata. Era como se estivesse cercado de luz, mas ainda tateando no escuro. E, apesar de saber tanto, sentia que ainda não conhecia de fato o caminho. Até que, um dia, ouviu falar a respeito de um homem que falava com autoridade e fazia sinais que ninguém conseguia explicar.

Nicodemos, então, foi ao encontro de Jesus uma noite. "Mestre", disse com humildade, "sabemos que ensinas da parte de Deus, pois ninguém pode realizar os sinais milagrosos que estás fazendo, se Deus não estiver com ele" (João 3.2). Talvez ele imaginasse um papo de igual para igual, uma troca entre estudiosos. Mas o que ouviu foi algo que não esperava — e que, para piorar, nem entendeu: "[...] Ninguém pode ver o Reino de Deus, se não nascer de novo".

O líder religioso tentou reagir e traduzir em lógica o que era espiritual: "Como alguém pode nascer, sendo velho? É claro que não pode entrar pela segunda vez no ventre de sua mãe e renascer!" (João 3.4). Porém, Jesus não estava ali para entrar em um debate teológico, mas para oferecer uma ruptura. O mestre da Lei se viu sem palavras. Todo o seu conhecimento, que ele havia acumulado até ali, não serviu de nada para responder aquela questão.

Uma prova viva de que conhecimento não transforma ninguém por si só. Existem pessoas que sabem muito — e vivem pouco. Gente que tem discurso pronto, referências afiadas, argumentos bem-construídos, só que, na prática, continua se movendo em círculos. É como se o conhecimento não encontrasse uma porta de saída para virar vida. Verdade seja dita, Deus nunca chamou ninguém para viver no piloto automático. Não foi pra isso que Ele nos deu consciência e um propósito. Cada dia nasce com a mesma possibilidade de repetir os padrões de ontem ou escolher algo diferente. E essa escolha — que costumamos tratar como detalhe — é, na verdade, o divisor de águas.

Jesus nunca foi um mestre de oratória no sentido que a gente costuma admirar hoje. Ele não falava para impressionar ou colecionar seguidores. Seus discursos não vinham embalados em frases de efeito para agradar à audiência. Cada vez que abria a boca, saía um convite à transformação. Suas palavras não acariciavam o ego; cutucavam o espírito. Quando Ele dizia "Segue-me", não estava propondo uma reflexão filosófica sobre o sentido da vida. Era direto, quase desconcertante. Ou você deixava tudo e ia, ou decidia continuar como estava. Não existia meio-termo. Cristo nunca ofereceu uma rota segura para quem não pensa em se comprometer de verdade. É tudo ou nada.

Lembra do jovem rico, que correu até Jesus, ajoelhou-se e perguntou: "Mestre, que farei de bom para ter a vida eterna?" (Mateus 19.16). Ele não estava ali para testar ou criticar Jesus. Era alguém sedento, disposto a ir além — pelo menos até certo ponto. Quando ouviu sobre os mandamentos, respondeu sem hesitar: "A tudo isso tenho obedecido [...]". O tipo de resposta que enche os olhos de qualquer líder.

Contudo, Jesus enxergou além. Com amor — e esse é o único momento nos evangelhos em que se diz, com todas as letras, que Jesus amou alguém —, foi direto ao ponto e mostrou exatamente onde o coração do jovem estava preso: "Se você quer ser perfeito, vá, venda os seus bens e dê o dinheiro aos pobres, e você terá um tesouro nos céus. Depois, venha e siga-me". Pronto. Acabou ali. O jovem não disse nada, apenas virou as costas e foi embora triste. Apesar de saber tudo, de fazer tudo certo, não conseguiu obedecer quando a fé exigiu renúncia. Preferiu guardar suas posses a se entregar ao propósito.

É o retrato de tantas pessoas. Gente que tem consciência do que precisa fazer, porém escolhe não fazer. E não é por falta de informação, nem de "sinais". Escutam mensagens, leem textos, sentem aquele incômodo no coração que parece gritar "agora é a hora", mas aí vem o amanhã e tudo continua igual. Tiago foi direto ao escrever: "Sejam praticantes da palavra, e não apenas ouvintes, enganando vocês mesmos" (Tiago 1.22). O problema é que muitos acham que sentir já é suficiente. No entanto, emoção sem atitude é só um ruído alto que logo para. Se tudo o que você aprendeu, ouviu, recebeu de Deus, não o leva a decisões práticas, por mais bonito que pareça, ainda está tudo no campo da emoção.

"EMOÇÃO SEM ATITUDE É SÓ UM RUÍDO ALTO QUE LOGO PARA."

Existe uma diferença gritante entre estar exposto à verdade e ser moldado por ela. Você pode até concordar com tudo, mas, se isso não virar ação, não mudar sua rotina, relacionamentos e escolhas, nada acontecerá de verdade. Será como assistir a um treino e achar que isso o torna atleta. O Senhor não está interessado em impressioná-lo com revelações bonitas. Ele quer transformar você — e transformação começa quando a vontade Dele pesa mais do que os seus próprios planos. Portanto, pare de ajustar a fé à sua conveniência.

Talvez você esteja esperando por aquela fase da vida em que as coisas finalmente se encaixam e sobra tempo. Quem sabe um sinal mais explícito, que elimine qualquer dúvida. Já parou para pensar que, às vezes, é só medo de obedecer? A verdade é que Deus já falou. E, quando Ele fala, o momento certo não é marcado no calendário, nem programado com antecedência. O tempo certo começa quando você decide confiar. Ou seja, quando o seu sim depende da convicção de que Ele continua sendo Deus mesmo quando tudo ao redor ainda parece incerto. Fé que vive adiando as coisas não passa de hesitação. E obediência atrasada, por mais justificada que pareça, continua sendo desobediência com outro nome.

Deus não chamou você para apenas sobreviver — passar os dias tentando manter tudo sob controle, empurrando a vida com a barriga, contando as horas até o fim da semana. Você nasceu para viver com propósito, o que não significa ter todas as respostas ou um plano perfeito. Sim, haverá desconforto e renúncia, porque nem tudo cabe na bagagem de quem decide seguir a Cristo. Haverá decisões difíceis, pois viver com propósito é escolher a eternidade quando o que é passageiro grita mais alto. Porém, nada, absolutamente nada, compara-se à paz que sentimos quando estamos no centro da vontade de Deus.

É fácil se esconder atrás de justificativas — "Não tenho tempo", "Não sou bom o bastante", "Acho que ainda não é a hora". Agora, se você prestar atenção, perceberá que o Senhor sempre usou pessoas comuns e limitadas. Moisés e sua dificuldade de falar. Jeremias e sua timidez. Pedro e sua impulsividade. Paulo e seu passado perseguidor. O que Ele procura não é perfeição, é entrega. Apenas esteja disponível — o impossível fica por conta Dele. Portanto, chega de deixar a fé no modo espectador. Toda vez que você responde com um sim, mesmo que tímido, algo muda em você e ao seu redor.

Não existe neutralidade no Reino de Deus. Ou você caminha, ou fica parado no mesmo lugar, o que, com o tempo, vira retrocesso. A estagnação tem essa cara de coisa inofensiva. Aparentemente tranquila, controlada, até confortável. Só que, por dentro, vai corroendo. O coração se acomoda, a sensibilidade vai se apagando aos poucos, e o que antes era fé se torna rotina. Faz-se tudo certo, só não se sente mais nada.

O antídoto é simples: Deus já colocou diante de você tudo o que precisa para agir. O que falta não é mais uma confirmação — é coragem, postura, a decisão de sair do lugar. Basta um passo para que uma jornada inteira comece. Então, agora é com você. Como foi mencionado repetidas vezes, a responsabilidade é sua e de mais ninguém. O que você fará com tudo o que leu? Guardará como mais uma daquelas mensagens que emocionam, mas não saem do papel? Ou deixará isso atravessar sua zona de conforto e virar atitude? O Senhor nunca se impressionou com palavras bonitas, muito menos sentimentos passageiros. A fé que toca o coração do Pai é a que se transforma em movimento. Que escuta — e obedece. Que sente — e se posiciona. Se você está esperando o momento certo, surpresa: é hoje.

Se este livro edificou você, mande-me um direct no Instagram @diegonmenin ou escaneie o QR code abaixo:

www.diegomenin.com

Esta obra foi composta em *Inria Serif*
e impressa por Gráfica LEOGRAF sobre
papel *Offset* 90 g/m² para Editora Vida.